APPUNTI DI DIRITTO INTERNAZIONALE

Graziano D'Urso

2020

Appunti di Diritto Internazionale

© 2020 Graziano D'Urso

Lulu.com, Morrisville, NC.

ISBN: 978-0-244-56700-2

INTRODUZIONE

Questo libro vuole essere una raccolta di lezioni di diritto internazionale in forma di appunti. Un testo suddiviso in ventiquattro lezioni trascritte nell'a.a. 2010/2011 presso la facoltà di Giurisprudenza dell'Università degli Studi di Catania.

Il curatore pertanto declina ogni responsabilità per il contenuto e la correttezza scientifica delle lezioni.

Febbraio 2020

1. La transizione infinita

Il Diritto Internazionale è un sistema di norme che vige fra gli stati e funziona come se dovesse funzionare anche al di là. L'armamentario concettuale è derivato totalmente dal Diritto Privato, ma non bisogna considerare il trattato internazionale come un contratto privato, né tanto meno una legge. Il Diritto Internazionale signorile riguardava i sovrani, e si riteneva che esistesse il diritto naturale (Oggi si ritiene che esistesse sotto altro aspetto). Si riteneva che il diritto si applicasse nel rapporto tra gli individui, e tra i sovrani si applicava un Diritto "Internazionale" derivato dal Diritto Romano, mediato dal Diritto Comune. Ancora oggi si utilizza il termine "ratifica" qualora si utilizzi una *longa manus* per sottoscrivere un trattato internazionale (derivante dal Diritto Privato con l'idea del rappresentante privatistico). Oggi la rappresentanza è un termine fuori luogo per spiegare il mandato internazionale. Si utilizzano termini quali: vizi, dolo, volontà, errore, etc, ma l'armamentario concettuale è reinterpretato.

Si riteneva in passato che l'apice del diritto fosse stato raggiunto dal Diritto Romano, e quindi il Diritto Internazionale era un corso dell'ultimo anno come compensativo. Oggi l'insegnamento è al II anno, è di alfabetizzazione alle tematiche di Diritto

Internazionale, che è una cornice globalizzata di regolamento. Nel 1954 è stata creata una convenzione a Parigi per la tutela dei beni artistici in tempo di guerra, grazie all'UNESCO. Questa disciplina ci mostra come il diritto internazionale è la dimensione d'insieme di diritto e serve come preparazione che il giurista utilizza per confrontarsi coi problemi.

Il Diritto Internazionale sta cambiando, e le norme attuale è il risultato dell'unione della sopravvivenza di pezzi del passato con quelli odierni, nati adesso. Questa transizione si ritiene non è fattibile con facilità in quanto esprime un modo d'essere costitutivo della comunità internazionale, quindi la transizione è infinita (non si realizzerà mai).

Dal punto di vista scientifico non ha molto senso assimilare al Diritto Internazionale cose che hanno funzionato nel passato, come funzionava il Diritto Internazionale legato a tempi differenti: anche la Roma imperiale stringeva accordi, anche le città-stato greche, ma non avrebbe senso dire che questi accordi siano precedenti del Diritto Internazionale, in quanto il Diritto Internazionale postula l'esistenza di entità che si presentano come posizione sì di sovrana eguaglianza. Solo tra il XVI ed il XVII sec. Si ha in Europa un sistema di stati che ha all'interno della sua sfera di poteri come il massimo potere ed al tempo stesso riconosce il diritto di pensarsi allo stesso modo all'interno della stessa sfera territoriale di competenza. La Roma imperiale non ha conosciuto un diritto internazionale in quanto la Roma imperiale è la negazione del diritto internazionale.

Per Roma solo Roma era il mondo, e per le città greche si pensavano, anche se indipendenti, parti di un unico tessuto di civiltà. Solo il XV sec. ci presenta la prima forma di stato unitario e sovrano: sono stati necessari la caduta dell'Impero Romano, e la nascita degli stati nazionali. La Chiesa Cattolica è l'erede dell'Impero Romano, a differenza del Sacro Romano Impero (che non centra niente). L'idea della sacralità del potere, arrivata a Roma attraverso la Grecia e che venne combattuta strenuamente dalla chiesa cattolica, transita attraverso il medioevo ed investe di sé la filosofia politica dell'epoca.

Nel protocollo inglese (meno rigidi ma più attuali) la persona fisica regale non può essere toccata in quanto "sacra". Il potere sovrano è un potere superiore alle vicende umane in quanto si ritiene proveniente da Dio. Il Diritto Internazionale nasce in una stagione culturale in cui si ritiene che il sovrano è partecipe della natura divina. Dopo la guerra dei trent'anni restano tanti stati che si ritengono tutti egualmente sovrani. I *regna particularia* sono gli antecedenti degli stati moderni, ed il *Rex* era *in regno suo imperator*, quindi ci sono più *imperatores*, perché ci sono più *reges*, perché ci sono più *regna particularia*.

Il Diritto Internazionale è un sistema di regole giuridiche per la coesistenza di stati moderni contemporanei. E' un dato che tutti i sovrani sono in condizione d'uguaglianza fra di loro, ma vi sono diverse regolamentazioni di ordinamenti di sudditi perché tutti uguali, ed ordinamenti di sovrani perché tutti uguali. Fu la pace di Westfalia[1] a segnare la fine della guerra dei trent'anni segnando la dissoluzione del Sacro Romano Impero ed è al tempo stesso la piena legittimazione di stati che si sottraevano al potere della Chiesa Cattolica perché stati retti da sovrani protestanti ma di fatto essi stessi protestanti (*Cuius reges, eius religio*). Lo stato è laico in quanto non fondato sulla religiosità del potere politico; egalitario, perché tutti uguali; contrattuale, perché regolato da trattati; autonomo, perché non sottomesso ad altro stato.

La pace di Westfalia non è stata firmata nello stesso posto dai sovrani cattolici e protestanti. Già prima di Westfalia esistevano relazioni condotte su

---

[1] La pace di Westfalia del 1648 pose fine alla cosiddetta guerra dei trent'anni, iniziata nel 1618, e alla guerra degli ottant'anni, tra la Spagna e le Province Unite. Essa si divide nei due trattati firmati a Münster e Osnabrück (ricordati, appunto, come Trattato di Münster e Trattato di Osnabrück). La pace venne poi completata con il Trattato dei Pirenei, del 1659, che mise fine alle ostilità tra Spagna e Francia.

piani di parità, e già si conoscevano le implicazioni della reciprocità dei rapporti. Vi era l'obbligo di non implicarsi negli affari interni nei loro rapporti[2]. I sovrani cattolici perseguitavano i propri sudditi protestanti ma i sovrani protestanti non potevano chiedere conto al sovrano cattolico.

2. Nascita del Diritto Internazionale

Prima della pace di Westfalia era utilizzata nella prassi internazionale il principio di non intervento negli affari interni da parte degli altri Stati, e questa prassi è tardiva rispetto a quella del 1750 (il termine "Intervento" appare solo nel lessico teologico nel XVIII secolo). L'obbligo di non intervento nasce nel 1500 e la lingua era il francese, e questo divieto era in lingua francese. Per comparire questo termine nella politica, e per essere stato attribuito al sovrano, deve essere stato sacralizzato, ma successivamente è divenuto di uso comune. Il sovrano non dovrebbe intervenire negli affari interni degli altri Stati (secondo l'ideologia liberale), ma se interviene è per un fine, sulla base del quale sorge la teoria che ha portato alla formulazione del diritto amministrativo moderno.

---

[2] Principio di non ingerenza negli affari interni

Il sovrano che interviene negli affari interni di un altro sta ledendo gli affari di un sovrano suo pari. Nel 1596 un autore francese scrive una recensione sui compiti dell'ambasciatore in quanto figura sorta dal trattato di Diritto Diplomatico. Gli Stati debbono astenersi perché essi devono rispettare la sovranità dell'altro sovrano ed ispirano il loro comportamento alla eguaglianza della sovranità. Il principio di non intervento è una prassi ben individuata, e si riteneva che i provvedimenti alla violazione di questo principio non fossero consoni all'orientamento del diritto internazionale.

Nel '600 era difficile dimostrare che la norma fosse facilmente dimostrabile rispetto al complesso dell'ordinamento: ci sono dei principi derivati direttamente dal diritto naturale o derivanti direttamente dalla storia romana, come il *"De Iure belli ac pacis"* di Grozio, che è un documento importante sulla base del quale si intende fondare la pace tra gli Stati dall'età romana se non addirittura biblica.

Ci vorrà la rivoluzione positivistica per costruire un'immagine degli ordinamenti giuridici più vicina a quella usuale, e considerare il principio come norma individuata in quanto corretto tra i rapporti tra sovrani. Questi comportamenti vengono ritenuti in violazione della sovranità: la giustizia era attribuita al potere sovrano, e molti concetti del Diritto Pubblico di oggi ancora non esistevano. Tutta la concettualistica odierna può essere anacronisticamente utilizzata per spiegare contesti antichi: l'attività prima del sovrano si condensava nell'amministrazione della giustizia, e la funziona di giudicare era attribuita a coloro che erano sovrani.

Chiedere ad un sovrano di trattare un suddito in maniera diversa di come lo aveva trattato era erigersi a giudice in quel rapporto contenzioso tra sovrano e suddito, respingendo l'opera del sovrano. Il sovrano non può essere chiamato davanti un tribunale (nel '600). Emerge l'idea che lo stesso principio di immunità nasce da questa età: lo Stato sovrano non si sottopone al giudizio di un altro Stato. Nel periodo medievale la *iurisdictio* era la base del potere sovrano per eccellenza perché non c'era una concreta razionalizzazione. Questo riferimento al principio di non ingerenza e questa ricostruzione attraverso la categoria di *iurisdictio* ci permette di aprire uno squarcio in questo ordine giuridico che si costituisce fra gli stati. La *iurisdictio* attraversa i secoli con il convincimento che questa si fosse originata come qualcosa che si eredita: si pensa che questa fosse nell'Impero Romano, il quale deteneva questo servizio. Quando nell'Impero Romano decade la *iurisdictio,* essa non viene più utilizzata e rinasce quando si consolida il potere politico del papato, il quale ritiene di detenere questa *iurisdictio* in quanto ritiene di succedere all'imperatore romano. Il Papa ha l'idea che la *iurisdictio* fosse unica e poteva essere delegata (all'imperatore del Sacro Romano Impero).

Le città *superiores non ricognoscentes* ritenevano di avere una loro *iurisdictio*, ed nel '500-'600 siamo in piena epoca moderna in quanto l'orditura medievale di *iurisdictio* perde di significato. La pace di Westfalia afferma l'esistenza di tanti stati, e di tante *iurisdictiones* quanti stati. La società di Westfalia vede una società di Stati dove ognuno è autonomo e distinto, e la realtà attuale rivela questa orditura concettuale.

La prima cosa da chiarire è che il Diritto Internazionale in questa epoca è la *iurisdictio:* il Papa ritiene di avere la unica e sola *iurisdictio* capace di proclamare il vero in quanto vicario di Cristo. In quella temperie culturale non c'era verità se non quella proclamata dalla Chiesa: in quella ottica logicamente perversa ma razionalmente coerente: l'eretico è l'errore e si può uccidere se si combatte l'errore. Se ci sono tante *iurisdictiones* e queste sono tutte *superiores non ricognoscentes* ritengono di essere tutte originarie, e quindi esistono tante verità quanti sono gli Stati: ogni Stato si auto legittima.

Questa idea apparentemente anacronistica in realtà è ben affermata nel territorio invece: ci sono iniziative di libertà politica che minano l'integrità internazionale. Se ogni Stato sovranamente si auto legittima e fonda il suo potere su una verità particolare stabilendo giusto e sbagliato, vero e falso, l'unico ordine che può regnare è quello convenzionale: ordine che non si fonda su valori condivisi, ma sull'idea che pur pensandola diversamente si deve coesistere in quanto la guerra è il peggiore dei mali. Il principio del non intervento appare ovviamente in linea con questa visione dell'ordine, e per andare d'accordo non bisogna prendere certi argomenti (sui quali si è in disaccordo).

Mutatis mutandis il Diritto Internazionale ci appare il linea con la temperie attuale. Il Diritto Internazionale ci appare come essenzialmente strutturalmente conflittuale, sia perché nasce per dirimere un conflitto (armato o di sovranità). Le cose cambiano quando emerge un consenso su dei valori comuni: le ragioni non sono ancora state indagate in maniera soddisfacente ed i risultati non sono ancora soddisfacenti. Molti stati tra il XIX sec. e il XX. Sec si organizzano in regimi democratici. Stati democratici, ordinati al proprio interno sulla base di principi democratici, sono più portati a rispettare il Diritto Internazionale. Di questa idea si può cogliere ciò che è utilizzabile: un maggiore controllo della politica estera del proprio stato fa sì che sia più sensibile ai propri valori.

Schmitt è stato il giurista che ha costruito i meccanismi giuridici che Hitler ha utilizzato per giustificare la sua salita al potere: il tribunale di Norimberga lo condannò e Schmitt si ritirò in una cittadina senza scontare la pena ma privo dell'insegnamento. Schmitt meditando sull'accaduto ritiene che gli USA presentano un assetto costituzionale interno diverso da quello degli stati dell'Europa perché si reggono su un consenso vero o presunto di valori basati su un'ideologia di religione civile.

I protestanti, come insegna Weber, hanno un orizzonte molto mondano: bisogna realizzare qualcosa di commendevole su questa terra in quanto Dio premia con il successo sulla terra. Schmitt dice che quest'ordine è nuovo e diverso perché gli USA sono governarti da *elite* protestanti in cui il potere non può non affermarsi sulla garanzia di certi valori, gli USA si ritengono portatori di valori naturalmente da diffondere (se non imporre). Le Nazioni Unite non sono altro che una concrezione internazionale di questa ideologia. Le prime costituzioni degli USA sono state basate sul principio della "pace perpetua". L'idea di governo mondiale fa nascere la SN e la ONU. William Penn scrisse la Costituzione della Pennsylvania. Le Nazioni Unite si costruiscono su alcuni principi fondanti: diritti dell'uomo, pace perpetua, etc.

Sostanzialmente all'interno dell'ONU gli Stati democratici (o tendenzialmente) si sforzano di costruire un unità basata sui principi degli USA: democratici, umanitari, etc. Questa organizzazione si basa su valori che vietano comportamenti semplicemente perché lo hanno stabilito gli stati. L'uso della forza armata era illecito al tempo di pace [norma di non intervento (ingerenza) negli affari interni altrui], ma lecito al tempo di guerra. Oggi gli interventi di forza armata sono vietati in sé in quanto esiste una norma della Carta della Nazioni Unite in cui si vieta l'uso della forza armata. E' come se al di sopra degli Stati si fosse costituito un Superstato, uno Stato di Stati (un idea per la pace perpetua), confederazione planetaria: tutto è compreso all'interno di un unico ordinamento. Kelsen dice che le costituzioni sono le carte di autonomia di una struttura che si regge nel mondo intero: Kelsen studia per primo il fenomeno delle Nazioni Unite, come un Diritto Internazionale come il "Costituzionale" di un Superstato. Il mondo è sempre più integrato con molte tensioni: mercato comune, organizzazioni super statali, etc. Questa evoluzione in realtà non è avvenuta come evoluzioni: questi due modelli esistono ancora oggi e la transizione dall'ordine convenzionale a quello valoriale è il motivo per il quale tante cose nel diritto attuale non funzionano o sembrano non funzionare. Gli Stati dicono di voler applicare il modello della carte ma si comportano come se si fosse ancora al tempo di Westfalia, ma in questa società questi modelli esistono e la transizione in realtà è infinita (non si realizzerà mai) perché ci sono elementi che ci inducono a pensare che questi modelli coesistono e la prevalenza dell'uno o dell'altro è variabile in base all'epoca, alla politica, al contesto, agli assetti internazionali, agli ordinamenti, etc.

Lo specialista del diritto internazionale analizza questi due modelli che non si integrano mai, poiché mai l'uno diventa definitivamente l'altro.

3. Organizzazione delle Nazioni Unite

L'Uso della forza armata non era vietato in quanto tale, ma in tempo di pace sarebbe stata una indebita procedura bellicosa. Sul finire del XIX sec. prende piede un consistente movimento internazionale per la pace con una componente utopistica e si riunisce nel finire dell'800 poi nel 1907 e nel 1930 con lo scopo di stipulare norme per abolire o ridurre l'utilizzo della forza armata: raffinare la codificazione del Diritto Militare Internazionale di guerra: nella condotta delle ostilità gli Stati siano meno liberi di comportarsi come a loro piaccia di più. Nella prassi degli Stati nasce l'idea di limitare grandemente l'utilizzo delle forze armate in tempo di pace.

Si cerca di trovare modi per indurre gli stati a rinunciare all'uso della forza armata. E' interessante la serie di accordi che si stipulano per la limitazione della forza armata per il recupero di debiti privati. Un accordo internazionale risalente prevedeva che se qualche cittadino avesse subito un torto con danno economico sul territorio di un altro Stato, lo Stato di cittadinanza facesse uso della forza armata per far sì che le autorità dello Stato estero risarcissero il cittadino del danno. Si concludono una serie di accordi tra i quali la convenzione Drago-Porter[3] coi nomi dei plenipotenziari francese e statunitense. Dopo la prima guerra mondiale la organizzazione della SN rappresenta il primo tentativo di instaurare un meccanismo che faciliti la cooperazione tra gli stati e successivamente si giungerà alla stipulazione stabilendo con estrema chiarezza il non utilizzo della forza armata.

---

[3] Alla seconda Conferenza della Pace (quella in cui venne sottoscritta la Convenzione Drago-Porter) dell'Aja del 1907 parteciparono 44 nazioni che sottoscrissero tredici convenzioni e una dichiarazione: alcune ribadirono e precisarono le precedenti norme, altre rappresentarono un completamento e un ampliamento del diritto umanitario in tempo di guerra.

La SN nasce col dichiarato intento di privare gli Stati di quel mezzo di coercizione che aveva creato una delle caratteristiche salienti nel Medioevo. Si riteneva elemento imprescindibile che la guerra venisse dichiarata dall'ente sovrano, e si comprende come qui in tempi recenti far ricorso alla forza armata è caratteristica importante dell'essere sovrani. Questa norma contenuta all'interno della Carta delle Nazioni Unite sta dentro un sistema riscontrabile all'interno del singolo apparato statale. Viene impedito agli Stati di far uso della forza armata in quanto l'ONU lo ha sancito.

Gli stati potranno fare ricorso solo in limitatissimi casi di legittima difesa (art. 51 della Carta). Questo sistema così tipico del modello delle Nazioni Unite ha risentito dell'effetto ti alti modelli: gli Stati non hanno smesso mai di comportarsi secondo il modello westfaliano. Alle Nazioni Unite impossibilitate ad intervenire si è sostituita una organizzazione coalizzata che fa uso della forza armata (v. fatti accaduti in Iraq).

Normalmente questa tipologia di casi viene costruita attraverso una interpretazione tecnicamente estensiva in previsione dell'Art. 51, dando valore di attacco armato ad ogni legittima ed illegittima azione armata.

La norma che identifica un comportamento materiale per vietarlo in quanto tale può esistere solo in un sistema che ha abbandonato l'approccio westfaliano, non con un generico divieto di entrare negli affari degli altri, ma col pretesto che v'è un ente che individua un comportamento come illecito: l'ONU funziona come uno Stato all'interno del proprio ordinamento. Si abbandona la prospettiva del divieto di non ingerenza e si fa uso di una prospettiva normativa che isoli taluni comportamenti e ne afferma l'antigiuridicità. Non è un illecito che scaturisce da un'esigenza di protezione di un bene, ma dalla sua materialità. Tutto ciò è possibile perché nel sistema westfaliano si è sovrapposto il sistema dell'ONU.

Gli Stati membri vengono trattati alla stregua di cittadini di un ente superiore: il modo di normare, legiferare, costruire precetti è quello statuario. Questa organizzazione si pone come superamento dei singoli Stati, quindi come una sorta di Super-Stato. Non si limita ad applicare la convivenza tra gli Stati (civile) ma anche provvedimenti per illeciti (penale). Schmitt ritiene che dal '600 al '900 gli Stati sono stati retti sul modello westfaliano (da Westfalia alla seconda guerra mondiale).

I vari progetti per la pace perpetua, derivano da ideologie statunitensi. Negli Stati la sovranità dell'uno non deve influire sugli altri, e questo è un precetto seguito da un processo che comporta la "statalizzazione" del mondo. Si sovrappone all'esistenza degli Stati una condizione di confusione e si creano ingenti problemi risolvibili solo dai teorici del Diritto Internazionale. Quindi per giustificare un processo da parte di una sovranità (o da una sua associazione di tante) contro un'altra sovranità la si criminalizza in quanto inosservante della Carta.

Noi ci troviamo a gestire un ordinamento che è frutto della prassi westfaliana: se il Consiglio di Sicurezza non assume una posizione, non la possono assumere neanche gli altri singoli Stati. Nessuno dubita che quegli stessi Stati possano creare un nuovo strumento di coalizione, come la OSV[4]. Il Diritto Internazionale è sussidiario allo Stato nei rapporti internazionali; non avendo una coalizione al comando egemone, non si può portare avanti un progetto di "ordinamentazione internazionale", quale l'ONU.

Bisogna prestare grande attenzione ai modelli espressi nella loro chiarezza: l'ONU ha incarnato un modello di Simil-Statocentrico sovrapposto al modello westfaliano. Il Diritto Internazionale non ha altro legislatore che gli Stati stessi. Questi stessi Stati cercano legittimazione all'interno dell'Organizzazione delle Nazioni Unite.

I caschi blu non possono usare la forza armata se non per difendersi. La Dichiarazione dei Diritti

---

[4] (OSV) Organizzazione degli Stato volenterosi al perseguimento di fini che, se lo potessero fare, verrebbero perseguiti dall'Organizzazione delle Nazioni Unite (ONU).

rappresenta la più alta manifestazione dei diritti naturali. All'interno degli Stati il cittadino ha diritti e doveri, e può fare tutto ciò che non è espressamente vietato. Questa idea transita all'interno del Diritto Internazionale. Nel Diritto Internazionale westfaliano l'individuo non esisteva; adesso lo scopo dell'ordinamento internazionale non è più rivolto a delimitare gli Stati, ma ad orientarne i comportamenti versi taluni valori.

Cambia il gruppo di comando fra gli Stati, e Schmitt dice che una struttura non avrebbe portato mai ad una società perfetta, in quanto l'esse umano imperfetto; ma le credenza protestanti (basate sul fatto che la perfezione dell'uomo sta in terra) è del tutto contraria a quella espressamente cattolica (come quella di Schmitt).

L'ONU si è data una Carta senza valore giuridico, e sebbene ciò, questa è stata tradotta in trattati internazionali per gli Stati membri. La sovranità degli Stati non scompare, ma compare una rivendicazione dello Stato con l'esistenza di un margine d'apprezzamento (pur essendo certa la libertà d'espressione, sono necessarie talvolta delle restrizioni) in merito.

Lo schema del non intervento cede il passo alla sussidiarietà; le corti interne e le corti internazionali cercano di sostituire il diritto del modello precedente (westfaliano).

4. Hans Kelsen & Carl Schmitt

La ricostruzione del diritto internazionale da parte di Schmitt e Kelsen è importante, e viene ricordata come coincidente con ciò che viene descritto con Westfalia. La loro storia si intreccia spesso con quella del Terzo Reich. Schmitt è nato nel 1888 e morto nel 1985, Kelsen è di qualche anno prima (1881-1973). Artz si riteneva un suo allievo (non diretto però). La vicenda umana di queste persone è tipica, ognuno per la sua parte. Kelsen nasce a Praga e a due anni si trasferisce a Vienna dove studia ed ottiene l'abilitazione. Il suo scritto è un libro intitolato "Problemi generali della dottrina dello Stato". La sua idea è quella di pensare lo Stato come qualcosa di diversa di ciò che vi è in natura. Egli è un neokantiano e come Immanuel Kant ritiene che essere e dover essere sono separati. Ritiene che la volontà dello Stato col comando giuridico può sovrapporsi ad un individuo. Negli anni '30 pubblica la "Dottrina pura del Diritto" e ritiene che tutto il Diritto è dissociato dalla Politica: è possibile una valutazione politica, morale, ma non giuridica.

Kelsen ritiene che vi è una concatenazione logica tra tutte le norme ad una norma fondamentale (Grundnorm), dice Kelsen che l'idea della validità può predicarsi di un solo sistema giuridico di un solo tempo e di un solo luogo. Non possono esistere due sistemi giuridici che vigano nello stesso tempo e nello stesso luogo, quindi o l'uno venga ridotto all'altro, o uno sia inglobato nell'altro. Non è possibile secondo Kelsen che vigano nello stesso Stato due ordinamenti: o uno dentro l'altro, o uno mediante l'altro. Il Diritto Internazionale vige attraverso il Diritto nazionale. L'unica esigenza logica è l'unicità dell'ordinamento (anche col prevalere di uno su/sull' altri/o). Negli ultimi tempi si ritiene che l'idea di Kelsen stia soppiantando quella del Diritto Internazionale. Quando Kelsen arriva negli USA gli offrono una cattedra di Diritto Internazionale ed a ciò si occupa in modo più approfondito, pubblicando "Il Diritto delle Nazioni Unite": Kelsen aveva trovato nel Diritto delle Nazioni Unite una pezza di Diritto unico fra gli Stati.

Kelsen era convinto che gli Stati dovessero confederarsi con un progetto di pace perpetua con la costruzione di tribunali internazionali e diritti agli individui di tutti gli stati. Sono nati tribunali penali internazionali. Kelsen è l'alfiere che ha portato alla nascita dell'ONU e di costruire il Diritto Internazionale come diritto "federale" di una comunità coincidente con il mondo intero.

Secondo Schmitt l'idea kelseniana è un tentativo di risuscitazione di uno Stato morto: la repubblica di Weimar. Schmitt era cattolico e riteneva che solo nel paradiso potevasi raggiungere la società perfetta. Il suo pensiero incline al superamento della democrazia lo porta ad incrociare il pensiero Nazionalsocialista, e si ritrova questi scomodi compagni di viaggio ed aderisce al partito (Ci sono molte strane congetture: nonostante fosse molto legato a molti gerarchi, è stato accusato molte volte di scarsa fedeltà all'ideologia nazista.) entrando nella Corte Cost. e sostenne che le istituzioni dello Stato democratico potevano essere rivitalizzate con la guida di un individuo universalmente riconosciuto (Adolf Hitler). Schmitt aveva già teorizzato l'idea che solo gli elementi dittatoriali potessero essere nelle costituzioni quelli di tenere in vita negli stati. Il Fuhrer era il custode della costituzione in quanto dittatore ed eletto dal popolo.

Schmitt in "La nozione del politico" ritiene che la dimensione del politico ha una sua specificità offerta dal naturale costituirsi di una dialettica amico/nemico. Schmitt ritiene che gli Stati posso creare una barriera attorno (*Polis-Polemos*: antropologia negativa) e difendersi dall'ingerenza altrui (in maniera imperiale), e ritiene che lo Stato può ingrandire i confini dei propri territori esercitando egemonia su più territori con un regime che sia ordinamento dei grandi spazi. La teoria più compiuta è del 1950 (dal 1945 al 1985, anno della morte, non poté più insegnare): "Il diritto della Terra". Schmitt ritiene che l'ordinamento si basi sull'idea di *nomos* mostrando di seguire una costruzione etimologica particolare (mettendolo in relazione con il termine *nemein*) dicendo che il *nomos* nasce quando un uomo prende per sé una parte della terra: il diritto nasce dalla proprietà esclusiva (occupazione delle terre).

L'essenza del potere è territoriale, fisicamente esercitato sulla terra che il sovrano rivendica per sé. Questo contrappone il regime che esiste sulla terra dal regime che esiste sul mare: la terra è il luogo della precisione, dei confini; il mare è solo disordine. Oggi sappiamo che l'ordinamento internazionale geopolitico è stato trasferito sui mari, il confine e la gestione è sul mare, ma ai tempi di Schmitt questa idea non era presente. La capacità di un signore di tracciare un confine è di mettere regole era d'interesse solo terrestre, e non anche marittimo. Nel mondo di Schmitt l'Europa era l'ordine della terra, tutto l'altro era spazio non civilizzato e quindi non riconosciuto come spazio civile.

Lo Stato nasce dalla contesa civile, dalla capacità del sovrano di pacificare il territorio ed imporre la propria regola. Tutto ciò che è al di fuori del territorio pacificato e regolarizzato, è spazio esterno. La pacificazione (reprimendo il conflitto ed assoggettando alla propria regola i rivoltosi) costituisce lo Stato e crea l'idea di spazio interno e spazio esterno. La guerra civile diventa il supremo illecito. Questa pacificazione non avviene mai una volta per tutte e dunque e dalla stagione delle guerre civile che nasce lo Stato ed esso può prosperare solo in assenza della guerra civile, da ciò si costruisce paradossalmente il Diritto Internazionale.

Lo Stato nasce e riconosce ad altri Stati il diritto di esercitare i medesimi poteri su altre porzioni del territorio. Schmitt non è preoccupato dalla asincronia dei vari ordinamenti, gli Stati sono fondamentalmente delle strutture attraverso le quali si cerca di umanizzare la guerra. Il sovrano vuole pacificare il territorio, e l'idea di alleanza con altri sovrani fa nascere il concetto di guerra (non più medievale) giusta perché formalmente costituitasi. La Teologia a partire dai padri della Chiesa ha ritenuto che la guerra è giusta se ci sono taluni valori da perseguire, ma se la guerra è illecita è ingiusta. Secondo Schmitt negli Stati formalizzati non si può stabilire se la guerra è giusta oppure no.

La guerra diventa giusta perché formalmente intrapresa e perché la loro condotta non è efferata ed eccessivamente sanguinaria. Alberigo Gentili[5] studiando l'idea della guerra giusta ha ritenuto che in base ai casi si potrebbe perseguire una guerra giusta, ma secondo Schmitt l'idea stessa di giudicare una guerra giusta o non giusta fa divenire la guerra ingiusta: la guerra dev'essere perseguita secondo le regole. E' finito l'ordine di Westfalia perché il combattente per la libertà ha recuperato l'idea della guerra giusta ed ha fatto sì che la propria causa è legittimante. L'ONU ha adottato provvedimenti tali che la guerra di liberazione nazionale è sempre giusta. Non c'è più spazio nella guerra di Westfalia di giustizia o ingiustizia: la guerra deve seguire taluni principi. Il Diritto Internazionale è diviso in "di pace" e "di guerra": *De iure belli ac pacis*.

Questa è l'idea che Schmitt si è fatto dai progressi politici dopo Westfalia. Nel 1899 si codifica il Diritto bellico e si pongono le basi sul diritto basato sull'istituzionalizzazione delle organizzazioni (v. poi SN e ONU). Schmitt vede un ordine caratterizzato dalla contrapposizione tra poteri egemoni e stati contendenti. Oggi viviamo un sistema che Schmitt aveva anticipato in cui le istituzioni sono entrate in crisi e la contrapposizione tra Nord e Sud, e si è riprodotta una dialettica che contrappone gli USA alla Cina (prima

---

[5] Fondatore del Diritto Internazionale e contrario all'ingerenza della Teologia nel diritto. Si fece artefice della celebre affermazione: *"Silete Theologi in munere alieno!"*

USA e URSS). E' venuto meno l'ordine di Westfalia e l'ordine della capacità ordinatrice dell'ONU.

Ciò che noi descriviamo come una transizione infinita, o *in fieri*, o parziale, dovrebbe essere utilmente descritto come in una transizione tra fase precedente e fase successiva, in cui dobbiamo cercare di ordinare e cercare una nuova sintesi, che molto difficoltosamente verrà dal modello westfaliano o dall'ONU. Il modello "Stato" è entrato in crisi: il modello di Westfalia si regge sulla parità di Stati, il modello ONU si regge sull'idea che tutti gli stati confederati sono retti da un Superstato quale lo stesso ONU.

E' necessario un sistema nuovo che ordini ed organizzi tutto ciò che la crisi ha perso di vista. Bisogna tornare all'ultimo punto dal quale si avevano le idee chiare e procedere il percorso di rapporto genetico tra Stato e guerra civile.

5. La soggettività internazionale

Ciò che caratterizza l'approccio che stiamo seguendo è che la transizione in atto, dipendendo da questioni strutturali, è infinita: è estremamente difficile quindi individuare l'assetto dei vari istituti ed esprimerli uguali nel tempo. Non si può dare a questo ricostruzione un taglio cronologico, si può solo segnalare l'esistenza ti talune caratteristiche peculiari: vi sono delle soggettività internazionali che da età risalente vengono riconosciuti come coincidenti con lo stesso Diritto Internazionale in quanto il soggetto altro non è che colui al quale si applicano le norme di un determinato sistema giuridico titolare di diritti ed obblighi giuridicamente rilevanti; questa affermazione si traduce nell'idea che i soggetti del Diritto Internazionale siano gli Stati.

Anche se oggi molti ritengono che il Diritto Internazionale abbia una soggettività composità, in realtà lo Stato rimane termine di paragone di molti di questi soggetti: normalmente i soggetti vengono catalogati come Stati, soggetti indipendenti dagli Stati (Santa sede e Ordine di Malta), partito insurrezionale o movimento di liberazione nazione, o soggetti che condividono con lo Stato la caratteristica d'indipendenza come le organizzazioni internazionali. Lo Stato è comunque il termine di paragone perché con certezza accanto agli Stati annoveriamo enti che aspirano a diventare Stati, come i movimenti di liberazione nazionale o i partiti insurrezionali, o Stati che sono stati... degli Stati (Sovrano e Militare Ordine di Malta).

Per la Santa Sede va fatto un discorso a parte: la Santa Sede nasce in un periodo in cui esistevano gli Stati Pontifici (1/5 del territorio italiano), poi divenuto ente sovranazionale restringendo sempre più l'ambito territoriale. Nel tempo questa presa del Romano Pontefice sui fatti della politica è andata sempre più diminuendo fino a quando la Santa Sede è divenuta semplicemente competente in campo sacrale. Molti paesi del mondo hanno un regime concordatario, non solo l'Italia (1929). A parte le scaturigini storiche, la Santa Sede ha una capacità particolare nel perfezionare concordati e trattati: da una soggettività montata sullo Stato, questa ha mantenuto la soggettività giuridica internazionale intrattenendo rapporti su un piede di parità.

Sono tutti enti costruiti da un'astrazione giuridica: lo Stato e l'organizzazione internazionale, ed essi sono creazioni della mente umana che servono per esprimere una sintesi concettuale ossia l'idea che questo ente rappresenti qualcos'altro. L'ONU esiste essenzialmente per il mantenimento della pace, cioè è la versificazione di un fine; così lo Stato è la personificazione dell'ordine. L'ente internazionale è una creazione umana per sintetizzare qualcos'altro. Tutto ciò non spiega un fenomeno contemporaneo: il Diritto Internazionale contiene sempre più norme con contenuto di previsione di diritti ed obblighi per gli individui, persone fisiche. I trattati dei diritti umani vengono affermati perché gli esseri umani se ne

possano avvalere. Anche la persona umana può essere
soggetto di Diritto Internazionale.

Gran parte degli studiosi non vede questo
problema: sia pro, sia contra. Per comprendere ciò
bisogna pensare a Hans Kelsen: o il soggetto di Diritto
Internazionale è lo Stato, o è l'individuo: non esiste
modo di costruire sistema giuridico in maniera diversa.
Per lui il sostrato sociologico dello Stato e la fisica
concreta della persona niente hanno a che vedere con
la cognizione giuridica di soggettività. Per Kelsen il
diritto è un insieme di norme ed il fatto che esista una
nozione sociologica, politica, filosofica di Stato niente
ha a che fare con la giuridicità dello Stato. Non esiste
lo Stato ma la sovranità dello Stato secondo Kelsen. Vi
è l'idea che non posso esistere individui e Stati
contemporaneamente come soggetti dello stesso
ordinamento.

La soggettività intesa come pienezza dei diritti
non spettava a tutti nello stesso modo nel Diritto
Romano: il *filius familias* non aveva la possibilità di
condurre *negotia* in quanto non era giuridicamente
compiuto. La soggettività è una questione politica
ancor prima che giuridica, forse anche filosofica.
L'affermazione che tutti gli uomini sono nati uguali ha
riflessi importantissimi sulla teoria della soggettività.
Nella legge coranica la donna ha una serie di importanti
limitazioni di diritti, potestà, successioni, contratti, etc.

Anche nella società musulmana la donna ha il suo peso, ma sempre soggetta alla figura maschile più vicina: padre, marito, fratello, zio. Sono esistiti ordinamenti all'interno dei quali la soggettività è innanzitutto un problema filosofico, sociologico, ancor prima che giuridico. C'è una lotta per la soggettività, ma nel Diritto Internazionale non esiste tale condizione: tutti i soggetti di Diritto Internazionale sono uguali. E' la statualità che è un valore, non la soggettività.

La denominazione e condizione di sudditi è nata in un periodo in cui gli Stati erano retti da monarchie assolute, e in quel periodo la soggettività dell'individuo era impensabile in quanto era impensabile la soggettività all'interno degli stessi ordinamenti statali. L'individuo non aveva diritti nei confronti dello Stato, del sovrano; la "Magna Carta" è una dichiarazione dei diritti dei baroni nei confronti del Re. Bisogna aspettare il XVIII sec. per aversi le prime costituzioni. Si ritiene che l'individuo possa vantare dei diritti noi confronti della persona dello Stato.

Buona parte del Diritto Internazionale serve a garantire diritti all'umanità e si risponde con la tradizionale obiezione che prevede che tutte queste norme si indirizzano agli stati, ma è anche vero che tali norme possono portare interi Stati davanti ad un tribunali dei diritti umani. Può l'ordinamento internazionale seguire un orientamento che contempla norme (tra cui la soggettività ad enti tanto diversi) tanto diverse fra di loro?

L'ordinamento internazionale è un ordinamento in quanto lo si paragona ad uno Stato: l'ordinamento è l'insieme delle norme che vigono nel territorio di uno Stato, lo stesso che le ha poste. La nozione di ordinamento postula l'esistenza di qualcosa non normativo del quale esso ne costituisce l'abito. La comunità internazionale è l'insieme degli Stati che insieme costituiscono la compagine degli Stati tutti interi. Rispetto a ciò che noi chiamiamo Stato, questa comunità internazionale non può reggere il paragone in quanto non giuridica. L'ordinamento internazionale come tale in verità non esiste! Esistono norme internazionali, qualcosa che lo rende un sistema, ma non un ordinamento.

C'è un tentativo di ricondurre il sistema a principi ordinatori ma non c'è questa certezza. Schmitt ci dice che lo Stato non è altro che una manifestazione costituzionale di un popolo. Poiché si parte dall'idea di Stato, si giunge all'idea di diritto, ma con l'ordinamento internazionale, come si giunge all'idea di diritto? Gli ordinamenti identificano i propri soggetti. Quando si conclude un trattato di Diritto Internazionale perfezionato nelle forme dovute lo si fa sulla base della convenzione di Vienna del 1969 sul diritto dei trattati. All'interno del sistema della convenzione si è soggetti, ma non lo si è per ciò che riguarda la convenzione di Vienna: rapporto sulla frammentazione del Diritto Internazionale. Ciò che si è frammentata è stata l'idea non l'ordinamento, in quanto l'ordinamento internazionale non esiste. Non esiste niente che l'espressione soggetto di Diritto Internazionale possa indicare un significato ragionevolmente riconducibile ad unità.

Un fatto normativo è qualunque cosa idonea a produrre norme, e ciò sono numerosi nel Diritto internazione: i trattati li fanno gli Stati, o fra le organizzazioni internazionali, etc.; ma l'elemento principale di formazione normativa è il trattato. Questo sistema più generale esiste e coesiste con un sistema che esso stesso ha contribuito a creare. Pezzi indipendenti gli uni dagli altri di sistemi normativi parziali che coesistono tra di loro in un universo frammentato che si è generato da una esplosione e che è in corsa verso confini inimmaginabili e sta esplodendo.

6. Elementi di soggettività internazionale

Le questioni che si pongono concretamente sono quelle della nascita degli Stati (per comprendere la nascita del diritto). Sono state elaborate talune teoriche per spiegare talune situazioni poi erroneamente generalizzate; la prima è la teoria tripartita che può spiegare alcune cose relativamente alla questioni che si ponevano tra '700 e '800. Oggi esistono entità statali che insistono non su una determinata popolazione ma su più popolazioni, oppure popoli senza un territorio. Quindi né l'elemento del popolo o del territorio costituiscono la realtà statuale. Alcune volte si è ritenuto essere il governo l'elemento fondante dello Stato. Ciò che va di uno Stato è l'esistenza del suo governo: un gruppo di persone che esercita con stabilità un potere su un territorio o su un popolo. Ci si accorge di due elementi: quando una stabile organizzazione si afferma su un determinato territorio questo produce comunque effetti significativi per il Diritto Internazionale o perché nasce uno Stato o perché nasce comunque una situazione nuova che comporta una reazione quale la dichiarazione di riconoscimento.

Ci si è domandato che la dichiarazione abbia effetti dichiarativi o effetti costitutivi (giuridici), e su questo ci si è lungamente discusso. Con certezza la dichiarazione di riconoscimento non può avere effetti costitutivi ma solo dichiarativi, ma più importante è segnalare il fatto che è avvenuto qualcosa che gli altri Stati della comunità internazionale ritengono attenzionare. Un secondo elemento importante è il fatto che tutte le volte in cui un nuovo apparato si istituisce per esprimere una capacità amministrativa su un territorio gli altri Stati reagiscono, ed il Diritto Internazionale conosce sempre di più la figura dei popoli senza Stato: comunità di persone accumunata dal fatto di avere radici, lingua, cultura, comune sentire, religione, pensiero, etc. in comune, e tale fenomeno sorge tutte le volte in cui non ha uno stabile stanziamento su un territorio.

I Curdi sono una minoranza in Turchia, ma non in Iraq in quanto gli iracheni sono un misto di varie culture. I Curdi sono un popolo dalla tradizione affascinante con cultura risalente ma non hanno un territorio. Mentre in Iraq i Curdi sono riconosciuti come tali, in Turchia i Curdi sono negati, il popolo turco considera quello curdo inesistente (Curdistan turco e Curdistan iracheno).

Un popolo che sia soggetto ad un dominio straniero razzista o coloniale ha il diritto all'autodeterminazione governandosi da sé. Questo diritto si ritiene possa portare alla secessione, al negoziato di forme di autogoverno e all'approvazione del rovesciamento violento del governo razzista. Un esempio importante è relativo al Sud Africa. Per secoli i Boeri (minoranza bianca) hanno governato il Sud

Africa con regime razzista mediante l'*Apartheid*[6]. Il popolo palestinese per lungo tempo (ed ancora adesso) non ha avuto un territorio. Sul territorio palestinese è iniziata una migrazione da tutte le parti del mondo creando lo Stato Israelita. E' nata quindi una controversia tra gli abitanti e i migranti. Il sionismo non è in sé un movimento fascista, ma un movimento che ha portato in Palestina Ebrei da tutto il mondo. Il popolo palestinese ha iniziato una battaglia per la liberazione della Palestina (OLP) occupando e "liberando" una zona dove stanziarsi.

Ci sono in giro per il mondo una serie di popoli che non hanno il loro Stato e che aspirano all'esercizio di un proprio governo. Sono stati calcolati circa duecento popoli che aspirino all'autodeterminazione, ma non si ha la fondatezza di questa stima in quanto non esiste una commissione al riguardo. Fenomeni di

---

[6] L'apartheid (lingua afrikaans, letteralmente "separazione") era la politica di segregazione razziale istituita dal governo di etnia bianca del Sudafrica nel dopoguerra e rimasta in vigore fino al 1990. L'apartheid fu applicato dal governo sudafricano anche alla Namibia, fino al 1990 amministrata dal Sudafrica.
L'apartheid è stato proclamato crimine internazionale da una convenzione delle Nazioni Unite, votata dall'assemblea generale nel 1973 e entrata in vigore nel 1976 (*International Convention on the Suppression and Punishment of the Crime of Apartheid*), ed è stato successivamente inserito nella lista dei crimini contro l'umanità che la Corte penale internazionale può perseguire.

popoli senza Stato ci sono pure in Europa: il popolo
Basco (tra Spagna e Francia), il popolo Irlandese del
Nord (sottomesso ad un regime), il popolo Zingaro, etc.

In Italia vi sono popoli alloglotti (che parlano una
lingua diversa dall'italiano) che parlano una lingua che
sembra italiano, ma italiano non è. In Italia ci sono
decine di piccole minoranze che parlano lingue non
italiane: albanese, francese, ladina, slovena, austriaca.
Questo fenomeno è però affiancato dal fenomeno di
movimento di liberazione nazionale (assieme agli
insorti anche se profondamente modello diverso:
gruppo che riesce ad esercitare un potere su una
porzione di territorio) è tale anche se non ha dato vita
ad una insurrezione, anche se non controlla una
porzione di territorio: è la manifestazione di un
fenomeno considerato all'interno degli Stati tale che lo
Stato non può più porsi dall'alto sul territorio, ma deve
essere riedificato dal basso, espressione del diritto del
popolo all'autodeterminazione. Bisogna quindi non
confondere i due fenomeni.

Non mancano studiosi del Diritto Internazionale
che dicono che il concetto di autodeterminazione dei
popoli non ha niente a che fare con i moti
insurrezionalisti. L'esistenza all'interno di uno Stato di
un popolo che si sente rappresentato è uno Stato nel
senso del Diritto Internazionale e quante volte questo
popolo non si senta rappresentato da queste istituzioni

comporta un problema che prima o poi esploderà. C'è in Africa il popolo Sahrawi[7] che non è riconosciuto come popolo e non può esercitare sovranità e vive in campi profughi (per sempre). C'è un piccolissimo Stato che si chiama Malawi in cui ci sono sette od otto popoli ognuno dei quali parla la propria lingua "nazionale" e poi l'inglese: convivono pacificamente ma è molto difficile coscientizzare queste persone in quanto vivono ancora in tribù.

I pellerossa (i pellirosse, chiamati poi amerindi, o popolazioni precolombiane) sono stati disconosciuti come popolo e sterminati (misconosciuti). Questo movimento verso la autodeterminazione dei popoli è ancora *in itinere* in tutte le parti del mondo.

7. Diritto Internazionale positivo e naturale

Al movimento di liberazione nazionale si vede riconoscere una nazionalità in quanto soggetto rappresentativo di un popolo: non si può attribuire agli insorti. Santa Sede e Sovrano e Militare Ordine di

---

[7] Il popolo sahrāwī ("sahariano", dall'arabo: اﻟﺼﺤﺮ, *ṣaḥrā'*, ossia "Sahara"), talvolta trascritto anche sahrawi o saharawi, è costituito dai gruppi tribali tradizionalmente residenti nelle zone del Sahara Occidentale gravitanti sul Sāqiyat al-hamra e sul Wadi al-dhahab (Río de Oro) che, già nel corso della dominazione della Spagna, avevano cominciato negli anni trenta a reclamare la loro indipendenza.

Malta godono di soggettività giuridica in quanto enti sovrani sebbene non abbiano un territorio. Il Diritto Internazionale nasce con il diffondersi del credo protestante, quando la cristianità medievale si spacca e si inaugura un periodo di "deriva" dentro il quale v'è contenuto tutto ciò che è adesso la modernità.

Dopo la pace di Westfalia la Chiesa è sempre meno condizionante delle decisioni altrui; lo Stato Pontificio non c'è più e la soggettività internazionale della Santa Sede non dipende dalla Città del Vaticano, ma dal grande prestigio maturato negli ultimi 20 secoli. Per il SMOM c'è un discorso diverso: è una sopravvivenza del passato dei militari e cavallereschi monastici poteri di vera e propria sovranità territoriale soggetto al potere d'imperio della Santa Sede; ma resta il fatto che questi ordini (non tutti) intrattengono ancora contatti con la Santa Sede di vario genere. Con certezza esiste questo ordine militare, monastico e cavalleresco soggetto all'imperio della Santa Sede ma non ha niente a che fare con il SMOM.

Il tema della soggettività è polimorfo all'interno del panorama internazionale e bisogna pronunziarsi con una valutazione d'insieme. Un percorso afferma la soggettività delle organizzazioni internazionali: la sovranità sta alla base del discorso della soggettività, e se si dovesse cercare un punto in cui trovare sovranità nelle organizzazioni internazionali, bisogna dire che esse hanno autonomi centri di imputazioni di diritti e doveri in quanto non esercitano poteri di sovranità (tranne per casi di protettorato di terre in difficoltà). L'ONU è una persona giuridica creata dagli stati per seguire delle determinate finalità trattata dagli stati come autonomo centro di imputazione di diritti e di obblighi.

Esiste una prassi rilevante che ci permette di individuare quei rapporti che intercorrono fra gli stati per le organizzazioni internazionali. Le organizzazioni internazionali reclamano per sé e per i propri funzionari l'immunità dalle giurisdizioni nazionali. Si ritiene che l'individuo sarebbe (l'unico vero) soggetto di Diritto Internazionale. Bisogna prendere atto di queste situazioni ma non creare su un sistema statico di soggettività. L'individuo può essere considerato soggetto di Diritto Internazionale ma non può sottoscrivere trattati di Diritto Internazionale. Il Diritto Internazionale è in larga misura posto (positivo) soltanto da alcuni di questi presunti od ipotetici soggetti. Le norme internazionali sono poste dagli stati e secondo qualcuno attraverso i loro comportamenti anche dalle organizzazioni internazionali e non dagli individui in quanto tali. E' ciò importante favore di coloro che optano per la soggettività dell'individuo anche se da un altro versante non prova nulla. Anche se questi Stati siano gli autori di questo diritto non comporta che siano i soli soggetti. Soggetto significa *subjectus* (assoggettato in latino) e quindi si parte dell'idea che il suo significato più pregnante sia quello che lo riconduce alla verità più attiva del discorso e si dà una connotazione positiva all'essere soggetto.

Essere un soggetto di Diritto Internazionale si ritiene essere un fatto positivo, ma invece essere tale significa essere assoggettato ad un ulteriori ordinamento con ulteriori obblighi, e doveri, etc. Per una peculiare caratteristica dei Diritto Internazionale è che al di sopra degli Stati non esiste uno Stato che legifera su di loro e quindi alcuni di questo soggetti sono anche coloro che pongono le norme. Quanto all'essere destinatari delle norme non ha alcun rilievo: alcuni di questi soggetti possono compiere compiti di gestione di questo organo internazionale ma resta il fatto che il Diritto Internazionale è fatto interamente dagli Stati e qualche volta dalle organizzazioni internazionali. Il Diritto Internazionale sarebbe riconducibile alla volontà degli Stati così come la legge sia riconducibile alla volontà dello Stato ed il contratto riconducibile alla volontà del privato.

La volontà rende tutti gli uomini uguali: nella società feudale dalla quale usciamo nello stesso torno di tempo in cui si afferma la modernità, si riteneva che le situazioni fossero immutabili. Per la mentalità dell'epoca era del tutto impensabile che qualcuno potesse mutare la propria natura sociale (il figlio del contadino restava figlio del contadino, etc.). La persona non nobile viveva segregata in una condizione di minorità, e la modernità è il riconoscere il potere della signoria e della volontà. I borghesi danno vita ad un nuovo modello della società basato proprio sulla signoria della volontà: sì da importanza nella capacità di collocazione della società.

Nella buona sostanza tutto ciò che accade dalla seconda metà del XV secolo è tutto derivato dallo svolgersi del dogma della volontà: l'uomo si riscatta da una condizione di partenza e pone la norma. L'unica cosa che si riesce a dire è che quella stessa volontà dello stato che mette la norma all'interno dello Stato, insieme agli altri Stati a produrre il Diritto Internazionale. Una volontà che può manifestarsi in modo tipico e diretto mediante un trattato o per *facta concludentia* dal quale evincere una condizione giuridica. Questa idea viene continuamente fatta propria dai tribunali internazionali. Molte di queste norme o sono sicuramente esistenti o sono state introdotte da organi internazionali, oppure si ritiene che taluni di questi principi esistano per la propria logica necessità d'esistere (come p.es.: l'eguaglianza fra gli Stati, etc.). Non esiste prassi al riguardo e gli Stati si comportano proprio come se non fossero uguali.

Kolb[8] raggiunge secondo questa argomentazione che formalmente ciò che oggi si continua a chiamare consuetudine è ciò che adesso è profondamente diverso: le esigenze di normatività dell'ordinamento sono molto più variegate e differenti di secoli fa. Secondo i neogiusnaturalisti queste norme nate senza il concorso della prassi degli stati deriverebbero dal diritto naturale, dalla intrinseche giuridicità.

Il primo presupposto all'appello del diritto naturale oggi è venuto meno: neanche i giusnaturalisti ritengono che il diritto naturale sia sempre esistito e sempre esisterà. Il secondo dato è che probabilmente ciò che si vuol dire è la stessa che si deduce quando un diritto non si pone ma è imposta da una intrinseca razionalità. Terzo dato è che comunque è sempre possibile giudicare il diritto e la meta-posizione di chi si pone al di fuori e giudica le norme è che il diritto intenzionale stesso ci espone che ciò è possibile.

Si giudica la legittimità dei comportamenti e delle norme degli Stati. Il Diritto Internazionale non scritto

---

[8] David A. Kolb (nato nel 1939) è un americano teorico dell'educazione i cui interessi e le pubblicazioni sono concentrate su di un apprendimento esperienziale, il cambiamento individuale e sociale, sviluppo della carriera e della formazione esecutiva professionali. Egli è il fondatore e presidente della *Experience Based Learning Systems, Inc. (EBLS)*, e un professore di Comportamento organizzativo alla Weatherhead School of Management, Case Western Reserve University, Cleveland, Ohio.

riposa sulla volontà degli Stati di rispettarli ma non è posto dalla volontà degli stessi. La volontà degli Stati ha un ruolo che gioca in modo rilevante e l'idea che la consuetudine sia riconducibile alla volontà degli Stati ha trovato sostegno in alcune decisioni della Corte Internazionale di Giustizia: la Corte non afferma a chiare lettere che la volontà sta alla base della consuetudine internazionale, ma che il fatto che se uno Stato sia stato all'oscuro o estraneo ad una consuetudine questa non gli è opponibile (v. il caso delle Peschiere Norvegesi).

La proiezione all'argo della linea spezzata è molto meglio ricostruibile a differenza della costa frastagliata e quindi è più facile identificare le acque dello Stato costiero. La Norvegia aveva tracciato questi segmenti senza il criterio delle linee rette (a spezzata) senza limite di lunghezza dei limiti dei segmenti inglobando una amplissima parte delle acque e delle zone di pesca (dove era solita a pescare la marineria del Regno Unito). La Corte di Giustizia sentenzia che la norma è sì esistente ma non applicabile alla Norvegia che si è sempre costantemente opposta all'applicazione della norma. Si ritiene che la volontà positiva è alla base della norma: la volontà della Norvegia non ha concorso alla formazione della norma, così come accade ad uno Stato che non stipuli un accordo.

Questo argomento in realtà appare un po'
esagerato: la volontà deterministica è imprescindibile
ma non è alla base della norma. Si ammette che
possano esistere consuetudini che abbiano un raggio
d'applicazione diverso: la Corte Internazionale di
Giustizia ha ammesso che possano esistere
consuetudini particolari che si applicano solo agli Stati
dell'America Meridionale. Alla base della vigenza
della norma consuetudinaria può esserci una
motivazione diversa dalla esplicazione della volontà: il
rilievo della volontà non è il solo, ma anche
appartenere ad una determinata comunità geografica.
Quando si ritiene esistente una norma internazionale
non è detto che a tutti gli Stati è applicabile.

La prassi di tutti gli Stati del mondo non è
conosciuta: gli Stati sono soliti pubblicare la propria
prassi (e la pubblicazione esige soldi), si conosce la
prassi di una ventina di Stati. La più documentata è
quella degli U.S.A., poi ci sono gli Stati europei più
risalenti (in ordine: R.U., Francia, Germania, Spagna,
Italia, etc.); è ben conosciuta la prassi Giapponese, e
quella Cinese; dell'U.R.S.S. vi era una buona
documentazione di prassi (ma non si può dire la stessa
cosa della Russia). Dell'Africa non si sa niente.

Tutti riconoscono che è importante cogliere la
linea di tendenza più tosto che stabilire cosa pensa
anche l'ultimo Stato della terra. In realtà l'idea che sia

determinante la volontà degli Stati appare piuttosto difficile da accettare ma ovviamente aveva un senso quando venne formulata: quando si riteneva che gli Stati degni di nota erano solo gli Stati europei, senza sapere come andava in America. Resta il fatto che la giurisprudenza sulle Peschiere Norvegesi ce l'ha, ed è che gli Stati non possono imporre la propria norma a quelli che non ce l'hanno. Esistono molti studiosi che hanno costruito una teoria del Diritto Internazionale sul concetto di opponibilità (della prassi internazionale). La volontà è un elemento che concorre alla formazione di una norma consuetudinaria ma non è possibile affermare quello che si sosteneva due secoli fa, cioè una *tacita conventio* fra gli Stati.

L'idea che il Diritto Internazionale abbia una sua gerarchia è basata su due elementi: le norme che regolano i trattati internazionali sono derivate dalla consuetudine, quindi la norma consuetudinaria è superiore al trattato. Questa gerarchia è costruibile in modo tale da ritenere che talune norme consuetudinarie siano chiamate principi e si dice che se questi principi primi hanno natura consuetudinaria allora la convenzione è di natura superiore. L'idea che debba esistere necessariamente una gerarchia è solo fallace: la costituzione è ritenuta la fonte suprema della legge in quanto riassume la fonte di convivenza fra gli stati.

Nel nostro ordinamento la volontà del popolo che si esprime con la legge del parlamento serve a regolare il governo che esegue la legge che il parlamento gli dà. E' il popolo che direttamente la pone, la norma del parlamento viene dopo, e dopo ancora viene la norma eseguita dal governo. Tale procedimento è rispettoso di una gerarchia effettivamente esistente e ci permette di comporre un quadro funzionale ed un regolamento amministrativo che non può derogare una legge del parlamento, come una legge del parlamento non può derogare alla costituzione. Nel Diritto Internazionale non c'è questa esigenza di ricondurre la legge a taluni legiferatori, e alla esistenza di una esigenza logica questa è smentita dalla osservazione della prassi: trattati e consuetudini si derogano con molta facilità.

E' molto facile che gli Stati possano assumere comportamenti di natura consuetudinaria che li porti a derogare trattati internazionali sottoscritti. Questi principi internazionali non sono così fondamentali: non spiegano nessuna efficacia particolare. Vi è la possibilità che esistano norme che siano subordinate all'accordo e non alla consuetudine, ed è possibile che un accordo non serva solo a creare norme materiali ma anche norme strumentali: norme che a loro volto pongano delle altre norme.

L'unione europea è stata creata con un trattato internazionale che ha individuato meccanismi attraverso i quali le istituzioni possono porre delle norme ma che queste norme non sono internazionali, sono subordinate all'accordo dell'unione europea. Una buona fetta di ciò che si intende ricondurre a fonti subordinate all'accordo non appartiene più al Diritto Internazionale ma a quel accordo che esso stesso genera. Due Stati possono istituire un giudice con natura arbitrale che risolva per loro la controversia: esistono oggi dei giudici già preordinati, non si va a costituire un giudice dopo la controversia. Esistono meccanismi di pre-costituzione del giudice (non naturale) davanti al quale gli Stati possono, se vogliono, andare per dirimere la loro controversia e quella sentenza che viene resa non è una fonte subordinata all'accordo che creò quel sistema arbitrale ma è ricondotta alla sua vera natura: non è una norma internazionale, ma un comando che ripete il suo fondamento giuridico dell'accordo.

Una terza questione è quella dei principi generali riconosciuti dagli Stati.

8. Regime delle acque

L'art. 38 dello Statuto della Corte Internazionale di Giustizia menziona tra le fonti (non viene mai nominata fonte) del Diritto Internazionale i principi generali universalmente riconosciuti dalle nazioni civili. L'unica guida offerta al giudice è quella che gli si offre ricavata dai principi generali di diritto riconosciuti dalle nazioni civili. "Principi generali" è un lessico abbastanza comune per i tribunali internazionali anche del passato: norme che presentano questa duplice caratteristica, di essere generali di un sistema giuridico e principi dal quale ricavarsi altre norme; principi ricavabili dall'esame degli ordinamenti giuridici.

Questi principi non sono qualunque norma ma esprimono linee di tendenza dell'ordinamento. Devono essere principi di diritto e non anche quei principi che giuridici non sono come idee filosofiche e principi etici, etc.

Devono essere ricavabili dall'ordinamento e devono essere riconosciuti dalle nazioni civili poiché anni dopo a il riferimento alle nazioni civili volevasi indicare l'esistenza di nazioni non civili. Nel periodo di quella formulazione per alcuni popoli già era un privilegio essere considerate nazioni.

Nel '700 si distinsero nazioni civili ed incivili in quanto si costruivano in Occidente sistemi giuridici magnificenti, e in Oriente c'erano ancora persone che "correvano nude nelle praterie". Poi si sono resi conto che queste popolazioni considerate incolte hanno una civiltà da preservare. Si ritenevano le nazioni civili quelle europee e ci si domandava se fossero umane le civiltà amerinde. Ci si riferiva alle nazioni civili a quelle che si reggono su un ordinamento giuridico riconosciuto "civile".

Tutte le volte in cui il giudice non avesse ravvisato un principio normativo applicabile avrebbe potuto fabbricarselo andando ad analizzare gli ordinamenti degli Stati civili e ricavarselo da questo esame comparatistico. Questi principi si ritiene che altro non fossero che derivanti dal diritto naturale. Chi propose questa formula era un giusnaturalista e chi l'accolse disse che in nessun modo poteva considerarsi un principio giusnaturalista. La norma internazionale è il frutto di un esame che viene compiuto sugli ordinamenti come positivamente esistenti. Ancora oggi si tende a ragionare secondo il principio che queste norme vigenti diversamente in tutte le parti del mondo è rilevante per l'ordinamento internazionale ed essendo il numero degli Stati soverchiante ci si riferisce solo alle principali famiglie degli ordinamenti in quanto questo principio è esistente in cinque o sei modelli di ordinamento giuridico: europeo, common law, sciaraitico, socialista (socialismo reale e socialismo parziale), paesi in via di sviluppo.

Il giudice cerca in questi ordinamenti un principio ed una linea di tendenza sentendosi obbligato ad un precetto come norma applicabile alla disputa internazionale che si trova a decidere. La spiegazione corrente al giorno d'oggi anche nei manuali italiani è che questi principi generali alto non siano che una particolare forma di norma consuetudinaria. I giuristi che ritengono che i principi siano consuetudini ragionano dicendo che la prassi consiste nella continuata vigenza degli ordinamenti degli Stati. Chi scrisse questa disposizione aveva un quadro diverso e voleva dire altro: il Diritto Internazionale non può essere pensato come una realtà separata dalla giuridicità degli ordinamenti statali membri della comunità internazionale.

Per i giuristi monisti la realtà normativa è unitaria e ciò che vige nell'ordinamento interno esiste perché lo permette l'ordinamento esterno. Rolando Quadri era un sostenitore del monismo strutturale. Per l'epoca l'orientamento monista era condivisibile da tutti e la prima divisione interviene nel 1899 con il libro di Heinrich Triepel (fine del XIX)[9].

---

[9]   Heinrich   Triepel: Giurista   (Lipsia 1868 -   Obergrainau, Baviera, 1946), prof. di diritto internazionale nelle univ. di Lipsia (1899-1900), Tubinga (1900-09), Kiel (1909-13), Berlino (dal 1913). Di formazione positivista e statalista, T. concepiva il diritto internazionale come il prodotto di una "volontà collettiva degli stati". Il ruolo di fonte fondamentale di produzione giuridica internazionale era di conseguenza attribuito all'accordo, essendo la consuetudine configurata come un accordo tacito, anch'esso promanante dalla medesima volontà collettiva. Questa costruzione lo condusse ad

Chi l'ha scritta riteneva che il diritto fosse effettivamente unitario: risulta più facile impostare la questione dei prestiti normativi. C'è una corposa mole di diritti internazionali sulla protezione dei diritti dell'uomo e risulta abbastanza facile comprendere come i tribunali internazionali chiamati ad applicare queste convenzioni abbiano fatti frequente ricorso agli Stati membri della comunità nei loro ordinamenti. L'accento non è posto sulla idoneità a porre la norma ma nell'aiutare a precisare il contenuto.

Nella prassi del Diritto Internazionale dell'economia gli attori economici si muovono più velocemente costruendo il mercato mondiale. Nell'UE le posizioni costituzionali degli Stati membri vengono considerati come fonte dell'ordinamento comunitario. Non c'è bisogno di scomodare la consuetudine: è più facile ammettere che nonostante l'opinione di taluni giuristi, l'opinione giuridica è sempre più in contatto

---

affermare non solo che gli ordinamenti interni e quello internazionale sono tra loro rigorosamente separati (concezione dualista o pluralista), ma che lo stesso sistema giuridico internazionale non è in realtà unitario, essendo possibile differenziarlo in rapporto ai diversi accordi che legano tra loro distinti gruppi di stati. Opere principali: *Das Interregnum* (1892); *Völkerrecht und Landesrecht* (1899; trad. it. 1913); *Die Hegemonie, ein Buch von führenden Staaten* (1938). Pubblicò (dal 1901) le*Quellensammlungen zum Staats-, Verwaltungs- und Völkerrecht*, e (dal 1909) IL *Nouveau recueil général de traités*, 3ª serie.

con gli ordinamenti degli Stati membri che comportando prestiti che determinino la possibilità di costruire precetti *ad hoc* e la prassi degli Stati non soccorre agli Stati benché consuetudinaria. Questa idea va tenuta in considerazione qualora il giudice sia chiamato ad interpretare il trattato poiché diventa enorme la libertà di costruzione della norma. A parte la possibilità di ricorrere all'equità nella costruzione creativa del diritto, ma non c'è altro che condizioni il giudice: non c'è una cassazione o un sistema ordinato, uno Stato che impone un determinato ordinamento, c'è una assoluta libertà. I giudici internazionali hanno lo stesso potere dei giureconsulti del Diritto Romano o Comune.

Qualche anno fa si pose il problema di come adeguare gli spazi marini del Mediterraneo poiché era stato attribuito agli stati la possibilità di sfruttare le risorse marine non solo nel proprio mare territoriale ma anche ben oltre identificata prima come piattaforma continentale e poi come zona economica esclusiva che si estende fino a 200 miglia dalla costa. L'invocazione da parte di Stati le cui coste si fronteggiano doveva scontrarsi necessariamente con lo Stato frontista poiché non ci sono 400 miglia da una costa all'altra. La corte internazionale di giustizia venne invasa di casi (5-6) relativi a tale argomento.

Se gli Stati fossero stati capaci di mettersi d'accordo avrebbero raggiunto la soluzione che la Corte ha raggiunto dopo tanto tempo, soldi, e fatica. La costruzione di questo modello era già piuttosto complessa anche prima del sistema delle Nazioni Unite. Questo perché in fin dei conti il Diritto Internazionale per lungo tempo è stato identificato Diritto Naturale. La riforma protestante spezza la *Respublica Sub Deo (Christiana)*. Il Diritto Internazionale come lo conosciamo oggi è molto recedente (circa due secoli o poco più) fondato sulla volontà degli Stati. Il Diritto Internazionale nasce con questa natura controversa questo pecca d'origine perché l'idea stessa di Diritto Internazionale quale possa essere è sempre in discussione.

Finché c'è un trattato è sempre facile contenere la *vis* della Corte Internazionale di Giustizia in quanto questo non è sempre certo e definitivo: anche se il trattato internazionale è riconducibile alla tipologia degli atti negoziali, il trattato internazionale è molto, molto, diverso da un contratto anche se la terminologia è mutuata dal Diritto Civile.

Il Diritto Internazionale si applica degli accordi fra gli Stati, ed il trattato che noi oggi studiamo è molto diverso da quello conosciuto dai primi secoli del Diritto Internazionale: il trattato attuale è multilaterale, ma la pace di Westfalia non ha dato la forma del trattato multilaterale: non era chiaro il meccanismo che si istituiva fra più Stati se non come moltitudine di trattati bilaterali.

I trattai furono redatti mai in sedute plenarie ma sempre in piccole delegazioni mediate dagli uni agli altri. Oggi ci sono sedute plenarie, etc. Lo strumento principale del ricambio normativo è il trattato multilaterale al quale presta il proprio consenso una moltitudine di Stati. L'interesse comune di tutte le parti al trattato coesiste con l'interesse dei singoli Stati a poter ottenere una determinata soluzione negoziale. Il contratto bilaterale prevede una questione molto semplice: "A" vuole una cosa, "B" ne vuole un'altra, e fino a quando non si mettono d'accordo non c'è nesso contrattuale. Nel trattato multilaterale la tecnica di stipulazione e l'essenza stessa del trattato è tale che può venire ad esistenza ed imporsi come un regime oggettivo anche senza il concorso totale di uno Stato che ne sia parte. Se uno Stato riteneva che il disposto di uno Stato non si confacesse ai propri desideri negoziali le strade erano due: o che non si facesse più il trattato o che si votasse l'emendamento, e sulla base della votazione il trattato sarebbe stato modificato per tutti.

Le modificazioni potevano solo essere adottate all'unanimità.

Si tratta di aver forgiato uno strumento per gli Stati allo scopo di approvare i trattati senza alcuni pezzi: la riserva. La riserva sarebbe una proposta di emendamento ed è una dichiarazione accessoria che accompagna la dichiarazione principale di volontà il cui obbiettivo è quello di limitare la dichiarazione ufficiale di volontà per non accettare parti inaccettabili. La riserva è oggi la manifestazione più vera dell'essenza del trattato multilaterale dando la possibilità agli Stati di divenire parte di una comunità che si costituisce a partire dalla riserva. La riserva deve essere non obbiettata: se lo Stato "A" oppone una riserva e lo Stato "B" accetta la riserva, il trattato vigerà come mancante dell'oggetto della riserva; se "C" si obbietterà il trattato non entrerà in vigore come modificato dalla riserva, ma senza quella parte grava da riserva.

A partire dal trattato si originano relazioni bilaterali per coppie di stati tante quante sono le parti che hanno stipulato il trattato meno una e che ognuna di esse è retta da un assetto normativo che è il risultato del gioco delle riserve. Ognuno degli stati esprime 10 o 20 riserve ed ogni Stato deve esprimersi su ogni riserva di ognuno. La riserva può essere ritirata. La considerazione della potenza dello strumento normativo si accentua ulteriormente quando si dà vita a realtà *sui generis* come l'UE. Attraverso un trattato internazionale gli Stati hanno creato una nuova identità costituzionale che funziona come uno Stato federale. L'UE non è uno Stato federale, ma con certezza funziona allo stesso modo di uno Stato federale, e ciò ha avuto luogo mediante un trattato multilaterale, ed attraverso questo non ci si limita a regolare operazione attinenti fra gli Stati ma si approvano programmi legislativi comuni. Il trattato multilaterale è anche lo strumento con il quale gli Stati adottano programmi legislativi comuni. Tutte le costituzioni degli stati del mondo prevedono la costituzionalizzazione dell'obbligo di dare esecuzione dell'obbligo internazionale all'interno dell'ordinamento. Alcuni la ritengono superiore alla legge dell'ordinamento, altri invece mediante espedienti di tipo interpretativo non gli danno quella rilevanza. Con i trattati multilaterali il parlamento nazionale perde una parte di sovranità in quanto strumento potentissimo. Oggi larga parte delle norme chiamati a rispondere provengono da programmi legislativi che gli Stati obbligano a rispettare sulla base di trattai multilaterali.

9. Il trattato internazionale

Sarebbe errato identificare il trattato con il contratto del Diritto Civile anche se è vero che con il contratto il trattato condivide molti punti caratterizzanti ed il punto di partenza è la possibile assimilazione tuttavia nella prassi e nella codificazione che è contenuta nella convenzione di Vienna del 1969 e del 1986 conclusi per le organizzazioni internazionali sono ormai caratterizzati. La differenza tra contratto e trattato è il fatto che i soggetti sono peculiari, sono Stati od Organizzazioni Internazionali, ed il trattato svela un diverso equilibrio nella volizione del contenuto contrattuale e nella efficacia complessiva del contenuto contrattuale. Contrariamente che nel contratto dove ciò che più conta è l'aspetto obbiettivo che si raggiunge nel trattato nonostante si sia cercato di raggiungere un effetto consimile che in realtà non si è prodotto. Ed ancora oggi le caratteristiche lo fanno esser un sistema negoziale molto più complesso del contratto in quanto il peso del contraente è molto più incisivo di quello dell'autonomia privata. Talune caratteristiche quindi permangono come il porre riserve e sul valore dell'interpretazione unilaterale e sulla possibilità di sciogliersi da un trattato supponendo un mutamento di circostante.

Tutto ciò era ritenuto assolutamente ovvio un centinaio di anni fa: il trattato era certamente limitante agli Stati ed in qualunque momento il trattato potesse essere disvoluto da chi lo aveva voluto, era possibile liberarsi senza particolarissime modalità. Lo Stato può limitare la sua libertà d'agire stipulando un trattato ma al momento della gestione del trattato i margini sono molto ristretti. Nella sostanza affrontiamo una problematica particolarmente ardua: il tratto è estremamente difficile da gestire in quanto sottoposto alla volontà degli Stati, maggiormente rispetto al contratto privato.

All'Art. 2 della convenzione di Vienna si trova una riserva che alla lettera D recita che in materia di riserve non è importante la dichiarazione ma la sostanza, tale è fatta da uno Stato quando vi aderisce e manifesta la volontà di diventare parte del trattato. Si ritiene che questa previsione non sia vincolante e che la riserva non sia nulla: viene accettata. La caratteristica non è la sua denominazione o il momento, ma il fine cui essa tende mediante la quale essa mira ad escludere o modificare l'effetto giuridico di alcune parti del trattato nella loro applicazione. Nell'Art. 19 prevede che uno Stato può formulare una riserva, quindi viene annunciata la piena libertà, identificando però ipotesi in cui non è possibile apporre riserve (quando il contratto non ammette l'apposizione di riserve), e che il trattato disponga che vengano apposte altre riserve ma solo di una particolare natura e caratteristica (con lo scopo di rendere compatibili le situazioni esistenti con la legislazione interna).

Una riserva che avesse diverso scopo o finalità non può essere apposto al trattato. La lettera C dice che: nei casi diversi da *sub* A e *sub* B la riserva non può essere apposta alle previsioni del trattato. Fino a qualche tempo fa la riserva era viva come una proposta di emendamento di modifica. Questo orientamento ha subito una importante modificazione: conformemente ad una prassi che era invalsa in quel continente si riteneva di essere parti della convenzione, allora l'Assemblea Generale delle Nazioni Unite chiese alla Corte Internazionale di Giustizia la sorte degli Stati che avevano apposto la riserva e stabilì che qualunque Stato può apporre la riserva se è compatibile con scopo ed oggetto del trattato.

A questa operazione si applicò la commissione del Diritto Internazionale attraverso la conferenza diplomatica di Vienna. Mentre l'Art. 19 ci spiega come la riserva possa essere sempre apposta salvo casi particolari, gli articoli seguenti spiegano nella sostanza come si gestisce questo sistema ed in pratica le disposizioni sono tutto sommato dedicate solo a questo: il principio secondo il quale così come uno Stato è libero di apporre una riserva al trattato, così è sempre possibile che un altro Stato ritenendo quella riserva incompatibile ad essa apponga una convenzione. C'è una pari libertà e la riserva spiega efficacia solo se non obbiettata e formalmente accettata (non necessariamente espressa). La non obiezione può essere interpretata come accettazione. Se invece lo Stato oppone una obiezione ovviamente la riserva non può spiegare efficacia, tuttavia ciò non impedisce che il trattato entri ugualmente in vigore ad esclusione della parte gravata della riserva: tale parte non può essere applicata perché non è sorretta da una volontà comune dalle parti in quanto lo Stato che appone la riserva vuole l'affermazione del testo, l'altro vuole la modifica del testo, pertanto quella parte del trattato gravata da una riserva non è sorretta da una volontà comune dei contranti. Uno dei sistemi oggi invalso è che ogni Stato gestisce per sé i rapporti con lo Stato riservante. La soluzione unica logicamente accettabile è la riserva di tipo eccettuativo.

L'esclusione dell'Art. 15 si realizza nel caso in cui vi sia o una formale accettazione o convenendo sull'esclusione dell'Art. 15. La convenzione di Vienna prevede un potere aggiuntivo in capo allo Stato obbiettante operando con una obiezione qualificata se ritiene che il trattato perda significato senza l'articolo gravato, allora può decidere di farlo entrare in vigore senza quella parte gravata.

Quando si stipulò la convenzione dei trattamenti discriminatori contro la donna (1979) si lasciarono gli Stati liberi di apporre riserve. Gli stati ad ordinamento sciaraitico apposero tutta una serie di riserve con lo scopo di salvaguardare norme dei propri ordinamenti di natura apertamente di discriminazione. Molti paesi occidentali obbiettarono a queste riserve: gli Stati si resero conto che obiettare a queste riserve fu una sacrosanta libertà di principio in quanto la natura stessa della convezione è violata da queste riserve contrarie al trattato stesso, ma si rendevano conto che una obiezione semplice non avrebbe apportato nessun cambiamento; ma respingere la convezione in obbligo avrebbe divincolato gli Stati sciaraitici da ogni obbligo, allora si ritenne che le loro riserve non potevano sciogliersi dai vincoli del trattato. La questione di principio era salva anche se si sarebbe potuto fare molto di più.

Questa è la situazione oggi esistente: il trattato è uno strumento debole perché lo Stato può comunque chiamarsi fuori mediante il meccanismo delle riserve. Si cercò di risolvere la questione vietando le riserve ma gli Stati ricorsero alla dichiarazione interpretativa unilaterale ritenendo di poterla piegare alle stesse finalità della riserva. Altra soluzione è quella invalsa all'interno del Consiglio d'Europa prevedendo che il testo del trattato sia diviso in parti obbligatorie e parti facoltative, p.es.: gli Stati si impegnano a rispettare gli articoli da uno a dieci (obbligatori) ed ad accettare almeno due dei dieci articoli successivi (facoltativi).

La valutazione della compatibilità è fatta in anticipo: i primi dieci sono il contenuto essenziale del trattato al quale non possono essere apposte riserve; gli altri dieci non sono essenziali ma si chiede almeno il rispetto anche solamente di due articoli su dieci. Almeno quei dieci saranno rispettato da tutti senza riserve, e ciò è stato fatto per evitare la presenza di troppe riserve e di rispettare il trattato così come è stato stipulato. Ma ciò non ha impedito che gli stati intervenissero con le dichiarazioni interpretative: gli Artt. 31, 32, 33 riguardano l'interpretazione dei trattati.

Il modo è quello di aver cercato di indurre gli Stati a privilegiare un'interpretazione oggettiva (prima si riteneva che gli Stati potessero interpretare prioritariamente soggettivamente in quanto lo Stato ente sovrano. Oggi sarebbe folle pensare che ognuno possa interpretarsi il trattato come vuole lui. Il segretariato generale delle NU funge da depositario per la maggior parte dei trattati generali. Diventando il trattato uno strumento di utilizzo sempre più frequente, l'idea dell'interpretazione soggettiva è stata abbandonata, e la convenzione di Vienna costruisce un sistema che serve a vietare agli Stati l'interpretazione soggettiva: ci riesce solo in parte.

Il trattato va interpretato oggettivamente ed in buona fede.

Un termine verrà inteso in un senso particolare se tale era l'intensione della parti.

L'Art. 32 si premura di sottolineare che i lavori preparatori e le circostanze in cui il trattato fu concluso (quanto fu dichiarato durante i negoziati, etc.) non possono essere di libero uso, cercando di fermare la tendenza verso l'interpretazione unilaterale. Si può fare ricorso alle circostanze ed ai lavori preparatori solo quanto il testo ufficiale conduce ad un risultato assurdo o irragionevole o è oscuro.

Si può ipotizzare che si è di fronte ad un ragionevole compromesso tra gli Stati e le interpretazioni, ma in realtà non è così. Si annidano alcune difficoltà che hanno permesso agli Stati di interpretare i trattati: la regola generale prevede che l'interpretazione avvenga innanzitutto facendo riferimento al testo, collocandolo nel contesto e facendo ricorso a circostanze extra contestuali ma rilevanti. I primi tre commi prevedono una gradazione tra i materiali utilizzabili ai quali l'interprete è rinviato quando vuole interpretare alla luce di altri elementi.

Gli Stati sono soliti formulare una serie di dichiarazioni: alcune sono le riserve, altre sostituiscono le riserve stesse e sono le dichiarazioni interpretative unilaterali: lo Stato dice di acconsentire al trattato a condizione che (fa presente che) nel proprio ordinamento l'espressione "x" vuol dire "y", e gli Stati non debbono pronunziarsi però basta che non la respingano (e normalmente non lo fanno perché non è riserva). Una norma vige nel testo scritto della disposizione e attraverso della Dichiarazione Interpretativa Unilaterale sono passate molte delle esigenze dei trattati. Gli Stati sono riusciti a condizionare ulteriormente l'applicazione del trattato e la commissione tende a distinguere le interpretazioni condizionali (riserva interpretativa) e le Dichiarazioni interpretative pure e semplici, ma questa guida alla prassi è documento di studio senza innovare rispetto alla normativa esistente. La Dichiarazione Interpretativa Unilaterale che può produrre questo effetto può apparire un fenomeno negativo, non fa altro che corredare il testo di una serie di materiali ulteriori che saranno d'ausilio all'interprete. Nella interpretazione di un trattato oltre che del contesto bisogna tener conto dell'influenza di uno Stato nell'interpretare. L'idea che l'interpretazione oggettiva si sia imposta una volta per tutti è una interpretazione fallace.

Gli Stati cercano di interpretare queste previsioni nella materia più conveniente per loro e dunque di portare la gestione del trattato verso un esito largamente coincidente con la unilaterale soggettiva causa d'estinzione, e negli ultimi anni sono nate frequenti controversie sull'Art. 62. Una volta che si arriva, in caso di fallimento del negoziato, davanti al giudice (per controversia importantissima e costosissima) è estremamente improbabile che il giudizio si concluda con una sentenza secca a danno ad una delle parti: esiste sempre un margine di agibilità negoziale anche per lo Stato sopperente.

L'esame di queste tre problematiche dovrebbe aver dimostrato che i soggetti sono degli enti sovrani e non esistono trattati vincolanti dei quali non ci si possa divincolare o interpretare in modo meno gravoso, o orientato con la riserva. Ciò ci porta a capire che è vero che le norme internazionali sono di natura consuetudinaria e convenzionale e che le norme consuetudinarie evolvono attraverso i comportamenti degli Stati, però è altrettanto vero che il modo di gestione di uno Stato influenza pesantemente l'interprete alla prassi posta in essere dagli Stati (nella gestione di un trattato o rapporti liberi). L'unica fonte di produzione del Diritto Internazionale è la prassi degli Stati (codificata e/o libera).

Gli Stati si trovano avvolti in un fascio inestricabile di prassi che costituisce l'unica vera fonte del Diritto Internazionale, sia che si presenti scritta e codificata (*de iure*), sia che sia libera (*de facto*).

10. Adattamento

Non esiste certezza sul significato della parola garanzia: quel del Diritto Internazionale è l'insieme dei fatti che induce gli Stati all'astensione di comportamenti non conformi alle norme internazionali ed altri ambiti d'applicazione (segno non buono per l'ambito della categoria stessa). La tematica delle garanzie è la più complessa ed è quella che ha conosciuto le più differenti elaborazioni. L'idea di fondo dalla quale si parte è che il diritto internazionale non abbia una garanzia e c'è finché esso è applicato. L'unico ricorso è quello alle vie di fatto: dalle condizioni pacifiche a quelle belliche.

Il Diritto Internazionale come teoria della guerra giusta regge fino ad un certo punto: un giusto sovrano muove giustamente una giusta guerra contro un giusto nemico per giusta causa. La più giusta delle cause è sanzionare un comportamento illecito dello Stato al quale si muove la guerra. Ma non essendoci un arbitro internazionale tutti e due gli Stati possono pensare che la propria è una guerra giusta. La guerra giusta è quella che viene dichiarata, condotta vinta e persa secondo il Diritto di Guerra.

L'idea di un sistema organico di norme emerge molto tardi con la pandettistica la quale a sua volta proietta sul passato le esigenze del presente. I romani avevano un sistema lontanissimo da quello attuale, ed i giuristi cominciano costruire un ordinamento interno "sulla base di quello romano" per dare garanzia al Diritto Internazionale: la garanzia è l'esistenza di ordinamenti interni. I sistemi di garanzia possono essere piegati quindi al Diritto Internazione, ed è possibile a certe condizioni di avere posizioni soggettive attive fondate sul Diritto Internazionale, e tale teoria però non è ancora stata messa in pratica in modo soddisfacente.

Accanto a questa ulteriore accezione del termine garanzia, un'altra se ne profila all'inizio del secolo scorso: prende corpo l'idea nuova di ragionare in termini di illiceità della condotta dello Stato e quindi quali siano le conseguenze cui danno vita i comportamenti dello Stato. Nascono delle norme di comportamento internazionale, e norme di conseguenze all'inosservanza delle norme sui comportamenti. A parte Kelsen, il prof. Roberto Ago[10]

---

[10]   Roberto   Ago (Vigevano, 26   maggio 1907 – Ginevra, 24 febbraio 1995) è stato un giurista italiano, studioso del diritto internazionale privato e pubblico. Giudice della Corte Internazionale di Giustizia (CIG) dal 1979 al 1995.
Professore all'Università degli Studi di Catania dal 1934 al 1935, nel 1936 ottiene il suo primo lettorato alla Accademia di diritto internazionale dell'Aja; insegna a Milano dal '38 al '56, infine a Roma dal '56 all'82.

pubblica numerosi studi sul Diritto Penale
Internazionale.

Ancora oggi non esiste un testo codificato
definitivamente anche se vi sono due tentativi (1996 –
2001), ma nessuno dei due è andato oltre la
commissione stessa codificante. La responsabilità
viene considerata anche da fatto lecito quindi in ambito
da garanzia, più che sanzionatoria. In virtù di questa
evoluzione oggi si può dare solo una descrizione in

Fu all'Aja componente della Corte permanente d'arbitrato, indi
presidente del tribunale arbitrale franco-tedesco sulla Saar e del
tribunale arbitrale franco-statunitense sulla navigazione aerea, oltre a
prendere parte a numerose commissioni di conciliazione arbitrali
internazionali. Fu anche presidente del consiglio d'amministrazione
dell'Organizzazione internazionale del lavoro (OIL).
Direttore dal 1953 (e, dal 1989, co-direttore) della Rivista di diritto
internazionale, presiedette la Società italiana per l'Organizzazione
Internazionale (SIOI).
Tra il 1968 e il '69 è Presidente della Conferenza di Vienna che redige
la Convenzione sul diritto dei Trattati. A proposito della previsione
della nullità di trattati contrari allo ius cogens, rileva in dottrina la sua
affermazione che per identificare tali norme imperative è necessario
che tale opinione sia condivisa dagli Stati più importanti e
rappresentativi di varie aree geografiche.
Nel Progetto di articoli della Commissione di diritto Internazionale
delle Nazioni Unite (di cui anche fu componente) sulla responsabilità
degli Stati ha sostenuto la necessità di distinguere le norme primarie,
la cui violazione costituisce illecito internazionale, da quelle
secondarie, che costituiscono le regole di responsabilità e individuano
gli elementi costitutivi e le conseguenze dell'illecito.

termini di conformità o difformità di comportamenti. La forma prioritaria della garanzia consiste nel fatto che gli Stati siano obbligati a trasporre nel proprio ordinamento interno le norme internazionali per darne esecuzione. Gli studiosi hanno parlato di incorporazione o di trasformazione, o la nascita di una norma interna diversa dalla norma trasformata (che cosa significa nascere a seguito di o trasformarsi? Non è la stessa cosa?).

In Italia è invalso l'uso molto italiano per descrivere questo fenomeno senza prendere una posizione col termine "adattamento".

L'"adattamento" italiano è composito: l'art. 10 della Cost. dice che le norme di Diritto Internazionale generalmente riconosciute (e non possono che essere consuetudinarie) troveranno attuazione nel nostro ordinamento mediante l'art. 10. L'art. 117 fa riferimento all'adattamento del diritto italiano ai trattati internazionali, ritenendo che fosse sufficiente comportarsi come faceva lo Stato sabaudo. Questa alternativa dualista era uno strumento eccellente per rispondere a due finalità: mentre nel diritto consuetudinario è invalsa la prassi del riconoscimento, al contrario nel trattato, ove fosse assistito dall'esecutivo e da altre norme, si risolverebbe in una lesione della divisione dei poteri (in quanto non c'è intervento del parlamento).

Questo procedimento prese il nome di procedimento ordinario di adattamento con la creazione di una legge interna d'attuazione, e questo sistema è ancora utilizzato ampiamente negli Stati più fortemente dualisti. Nella prassi applicativa vi è l'Ordine d'Esecuzione: la legge c'è ma il suo contenuto è sempre lo stesso al trattato. Questa legge non ha (se non per reazione) contenuto identico al trattato, ed ha il pregio di mantenere il contatto con le norme interne dell'ordinamento ed il trattato sì come vige nell'ordinamento internazionale, talché se il trattato internazionale va incontro ad una qualsivoglia vicenda p.es.: si estingue, allora immediatamente questa vicenda produce i suoi effetti nell'ordinamento interno per il tramite di quel varco che l'ordine d'esecuzione aprì. L'O.d.E. è come un piccolo art. 10 Cost. relativo ai trattati. Questo metodo è molto invalso è utilizzato per la rapidità delle procedure con lo scopo che il parlamento a meno che non sia allertato non sa nemmeno a cosa stia dando esecuzione. In Italia l'ordinamento ci consegue tre modalità di adattamento. La prassi ha poi utilizzato altri due meccanismi di adattamento peculiare. La Cort. Cost. nella sentenza del 1964 (Caso Costa vs Enel) ha detto che l'autorizzazione alle limitazioni di sovranità importanti potesse applicarsi anche alla vicenda che stava attraversando il nostro Stato per l'UE. Quando il trattato istitutivo delle comunità venne istituito in nessun modo gli Stati previdero che gli atti si potessero comporre come ordinamento giuridico comunitario. Sono state le corti europee che chiamarono tali relazioni "ordinamento" date le idoneità, e lo hanno ritenuto prevalente rispetto agli ordinamenti nazionali. Il Diritto Europeo vige allo stesso modo entro tutti gli stati parti dell'UE. Gli atti che nell'ordinamento comunitario sono perfetti e compiuti prevalgono sulle leggi interne e questa idea innovativa non è stata accolta con grande favore in Italia.

Per l'Italia era impossibile che ciò si verificasse con tale sorpasso e caducazione delle norme interne per opera dei regolamenti comunitari. Si riteneva che sorgesse questione di costituzionalità con questa situazione. Sull'insistenza della Corte di Giustizia nel 1994 ha offerto una soluzione *de facto* equivalente e *de iure* molto più fedele al sistema originario che a quello monistico: la norma dell'Art. 11 funzionerebbe come una norma di competenza ammettendo a vigere sul territorio italiano i due ordinamenti (europeo ed italiano) ed in base alle materie l'ordinamento interno si ritrae facendo posto all'ordinamento comunitario. Tale venir meno non è caducazione od abrogazione, ma semplicemente operazione attuata perché la UE ha creato una norma più idonea all'applicazione. Se la norma UE perde vigore, la norma interna riacquista elasticamente pienezza.

E' certo che per effetto della sentenza della Cort. Cost. Si è creato un nuovo modello d'applicazione: negli ultimi anni la Corte ha preso in considerazione con particolare attenzione sull'applicazione in Italia del trattato sui diritti dell'uomo, anche se è un atto che è stato composto dal Consiglio d'Europa (organo a sé stante con vita propria). La giurisprudenza ha ritenuto che le norme ricavate da tale trattato dovessero essere prevalenti rispetto alle norme interne. Con le sentenze 348 e 349 del 2007 (le cc.dd. "sentenze gemelle") si è risposto a questa affermazione dicendo cose simili in maniere differenti.

La Corte dice una cosa comprensibile ma detta male: dice che la dichiarazione dei diritti dell'uomo non è un trattato come tutti gli altri ed il sistema è gestito da una Corte dei diritti dell'uomo alla quale aspetti stabilire se il diritto interno sia conforme alla convenzione. Questa soluzione è stata assai criticata: non esiste che vi sia questo riparto di competenze tra Corte Costituzionale e Corte Comunitaria dei diritti dell'uomo.

Non esiste riserva d'interpretazione a vantaggio della Corte Europea, né un vantaggio alla Corte Costituzionale. Anche se non c'è un organo *ad hoc* è sempre possibile ricavare una interpretazione per un qualsivoglia trattato. La Cort. Cost. sembra aver adottato lo stesso comportamento adottato nei confronti del diritto comunitario (Art. 11). Il Diritto Internazionale diventa sempre più interessante nei confronti dei cittadini, e che i cittadini hanno interesse a vedere applicato pienamente: frapporre ostacoli sebbene ben confezionati è una battaglia persa perché anacronistica.

La norma che esiste non può essere tenuta fuori dalla portata di coloro che hanno interesse all'attuazione di quella tutela. Il Diritto Internazionale cui il nostro ordinamento deve adattarsi è profondamente mutato rispetto al passato sotto vari aspetti. In assenza di questa trasposizione non potrebbe aver vigore. Per tanto tempo si è ritenuto convincentemente che la forma prioritaria della garanzia fosse il diritto di guerra. Non si è mancato di ritenere che il Diritto Internazionale si potesse apprestare nei metodi di risoluzione di queste controversie. I mezzi diplomatici sono quei sistemi ai quali si ricorre avendo come obbiettivo quello di appianare la controversia senza dover ricorrere a quella che è la norma di diritto. La controversia è quella che avviene fra gli Stati su un punto di diritto.

Tutte queste controversie sono oggetto dei mezzi di soluzione: negoziato (con il quale si cerca di appianare la propria divergenza quando ci si impegna senza l'assistenza di nessuno, oppure quando un terzo ente si frappone nel tentativo di facilitare favorendo questa soluzione), la conciliazione (quando la pace è raggiunta grazie all'intervento diretto dell'ente terzo). Il giudice internazionale è un arbitro precostituito con mandato di risoluzione della controversia. La comunità ha cercato di porre un ufficio fisso di arbitrato permanente ed è adita dalle parti di una controversia. A partire dagli anni '30 hanno deciso di rinunciare alla guerra come mezzo di risoluzione delle controversie e dell'uso della forza per il raggiungimento degli scopi.

Gli Stati non hanno rinunciato del tutto: l'ONU dice che uno Stato attaccato possa reagire all'attacco armato mediante difesa armata come legittima difesa. I caschi blu sono corpi di truppa allo scopo di creare zone cuscinetto come interposizione armata. Anche nella gestione di queste forze armate si è preferita la coalizione capeggiata da uno Stato cercando di far rispettare questi principi.

11. Illecito internazionale

Le garanzie del Diritto Internazionali possono ravvisarsi in un obbligo generale che lo Stato adempie recependo il Diritto Internazionale nel proprio ordinamento, ma ci sono anche garanzie che il Diritto

Internazionale appresta nel suo interno: quelle che occorre rinforzare in base a taluni casi precipui.

Per lungo tempo le garanzie di questo tipo prevedevano la ricerca delle soluzioni delle problematiche sorte tra gli Stati e si pensava che l'uso della forza armata fosse totalmente escluso come mezzo ordinario di garanzia del Diritto Internazionale anche se in realtà non è proprio così. Esiste però nel Diritto Internazionale questo tipo di divieto che ha dato un certo slancio ai mezzi diplomatici di soluzione delle controversie. All'inizio del secolo scorso prende approccio sempre più quello che accade fra gli Stati di comportamenti non conformi (illeciti internazionali), e l'attenzione si sposta dalla controversia e dall'esigenza di trovarne una soluzione, fino a sanzionare lo Stato che si comporta illecitamente. Molti studiosi quando appaiono i primi tentativi di sanzionamento obbiettano dicendo che questo genere di subordinazione non è compatibile internazionalmente in quanto al di sopra dello Stato non esiste uno Stato degli Stati (un Superstato).

Vi è l'idea che lo Stato non possa commettere illeciti in quanto collettività, ma è anche vero che lo Stato agisce per mezzo dei suoi organi: organi che non sono rappresentanti dello Stato ma sono lo Stato che agisce (immedesimazione organica). L'organo è lo Stato nella sua concreta immedesimazione. Questo comportamento è dello Stato qualora venga operato dal suo organo. Un altro tipo di obiezione riguarda l'idea secondo la quale all'interno del Diritto Internazionale è anche configurabile una forma di responsabilità di chi agisce ma il suo contenuto non è riconducibile alle stesse categorie della responsabilità del diritto interno in quanto la responsabilità in quanto fattispecie complessivamente considerata esiste in quanto c'è uno Stato titolare di interessi pubblici che vuole la compiuta conformazione dell'ordinamento.

Si dice che la responsabilità è ipotizzabile però atteggiabile in modo diverso escludendo tutte le forme di responsabilità che somiglino a quella penale in quanto manca il qualcuno che possa essere imputato. Manca il soggetto che s'intesta la pretesa punitiva (ciò che in Italia è il Pubblico Ministero). Non si dovrebbe parlare di responsabilità di tipo penalistico. Nel nostro ordinamento è netta la distinzione tra Diritto Civile e Diritto Penale. In molti ordinamenti esistono anche delle ipotesi di risarcimento del danno non commisurate all'entità del danno procurato dal comportamento ma ispirate alle esigenze di sanzionare il comportamento: il danneggiante è chiamato a risarcire il danno e pagare un'ammenda per il comportamento.

La commissione del Diritto Internazionale decise di intraprendere il compito della codificazione delle sanzioni dei comportamenti penali. Quell'anno il compito fu affidato a Roberto Ago in quanto più coerente studioso dell'illecito internazionale. Viene prodotto un testo che però non viene completato, ed al Professor Ago succedono altri studiosi giuristi che producono un testo nel 1996 e un altro nel 2001. L'impostazione che Ago dà nel rapporto del 1996 è rimasta ancora inalterata salvo per un paio di punti: l'idea di Ago è: perché si dia un illecito internazionale occorrono due elementi: 1) il comportamento deve essere effettivamente di uno Stato (da un suo organo; ci sono però comportamenti di organi che non sono attribuibili allo Stato ma imputabili ad un funzionario titolare dell'organo); 2) Il comportamento dello Stato deve essere contrario ad una norma internazionale, ed Ago si pone quel problema che i suoi critici considerarono insormontabile: dare corpo alle situazioni illecito in questione.

1)   Alcuni Stati applicano la prassi che lo Stato è imputabile fino a quando non riesca a dimostrare il dolo penalmente attribuibile ad un suo funzionario. Ago sceglie il criterio in funzione garantistica di apparenza: se il funzionario palesemente non può esercitare quei poteri allora ne risponde; altra cosa è invece quando persone che si spacciano per funzionari commettano illeciti internazionali, e questi restano imputabili allo Stato: lo Stato in verità non ne

risponde in quanto tale comportamento non lo è veramente imputabile, ma ne risponde solo quando tali pseudo funzionari siano organi *de facto* ispirati ad orientamenti (politici, filosofici, giuridici, etici, religiosi, etc.) dello Stato.

2)   Tutte le volte in cui il comportamento di uno Stato violi una norma del Diritto Internazionale ci si trova di fronte ad un illecito internazionale. Ma ci si può trovare di fronte a delle norme speciali le quali sono di rilevanza particolare per la comunità internazionale (p.es.: inquinamento massivo dell'idrosfera). Importante è la gravità (interesse) internazionale: il territorio di più Stati deve essere leso. Ago restò colpito dalla possibilità storica che sembrava profilarsi i quell'epoca di codificare taluni principi per l'interesse della comunità internazionale nella sua interezza.

Cominciano allora a nascere (al contrario dell'idea di Ago) i tribunali internazionali che imputino l'illecito agli individui e non agli Stati. Il tentativo fu quello di confondere le acque: venne introdotto il principio dello *ius cogens* e quindi il crimine internazionale non fu più d'interesse dei territori, ma d'interesse dello *ius cogens*.

Ago studio le circostanze in cui il concorso rende il comportamento non illecito (o non punibile?) risolvendo parlando molto chiaramente della liceità della presenza della discriminante. Non riuscendo a descrivere la lista delle discriminanti (tra cui il consenso, in cui la formulazione è particolarmente attenta) il progetto viene abbandonato.

Se il comportamento in astratto illecito commesso da uno o più Stati è riconducibile alla legittima applicazione di una sanzione, questo comportamento non è illecito. Ma chi è che stabilisce la liceità della sanzione? (p.es.: se l'uso della forza armata avviene per rispondere o per difendersi o per reagire ad un attacco precedente, allora questo non è un illecito ma una sanzione.). Nella carta delle NU non si parla di illecito internazionale che attivi i meccanismi del capo settimo, ma si parla di controversia che metta in pericolo la pace e la sicurezza internazionale. Il sistema delle Nazioni Unite prevede che il capo sesto si applichi tutte le volte in cui ci siano delle controversie tra stati mettendo in pratica meccanismi di appianamento, ma il capo settimo dice che nelle NU ci siano dei mezzi più efficaci di risoluzione.

Il fatto che la controversia si sia originata da un comportamento lecito o no per il sistema delle NU è irrilevante in quanto tale sistema non è stato costituito per gestire la liceità internazionale, ma per evitare le controversie internazionali. Le NU hanno diritto di pronunciarsi in relazione di un illecito, ma non in quanto illecito ma in quanto pericoloso per la sicurezza internazionale. Le NU sono un "patto" e non un Superstato quindi non possono gestire o amministrare il diritto internazionale: hanno lo scopo di appianare le controversie, quindi chi deciderà se l'applicazione di una sanzione è legittima? E qui il discorso si è appianato.

Crawford[11] ha cercato di trovare un elenco di discriminanti che comportino l'attivarsi di stati nei confronti di cui abbia instaurato l'illecito trovandosi di fronte ad un tipo di potestà punitiva di tipo penalistico. Questo regime di responsabilità è stato affiancato da codificazioni di altro genere (p.es.: lecita, rischiosa). In realtà la responsabilità da illecito non riesce a decollare in quanto il diritto internazionale veramente non può essere trattato come qualsivoglia ordinamento di stato qualunque.

---

[11] Sir John Crawford Grenfell (4 aprile 1910-1984) è stato un economista e un architetto chiave della crescita dell'Australia del dopo-guerra.
Nato a Sydney, Ha ricoperto le cariche di consigliere del World Bank, Washington DC, di direttore del Economic Research Project, e di presidente dell'Advisory Board. E' stato Rettore della Australian National University 1976-1984.

12. Caso di Lazzaro

Il caso "Dalila Di Lazzaro" viene respinto in primo grado ed accolto in (Appello) secondo grado. Per il tribunale sembrano non esserci dubbi: sarà pure vero che questa convenzione sia *self-executing* ma se si riconoscesse la Di Lazzaro capace di adottare essa cederebbe nei confronti della capacità delle coppie in quanto la coppia è preferita rispetto ai singoli. La Convenzione Europea sembra mettere sullo stesso piano l'adozione del singolo e delle coppie. Secondo la giurisprudenza italiana l'adozione è una imitatio *naturae* quindi non si può fare adottare ai singoli.

Sembra che la convenzione non abbia operato questa scelta e sull'idea che la convenzione abbia operato questa scelta si basa l'argomentazione dei giudici successivi sulla scelta di ritenere la convenzione *self-executing* o no. Se la Convenzione dà solo una mera possibilità in quanto le due direzioni sono equipossibili e non equiparabili ci fa comprendere la natura della *self-executing*. La Corte di Giustizia dice sempre: se la norma si può trarre in via interpretativa in modo diretto ed incondizionato indipendente allora è *self-executing*, altrimenti non lo è. Se la convenzione ha operato una scelta questa norma è *self-executing*, ma se è possibile dimostrare che la scelta non è stata operata ma lasciata al libero apprezzamento dello Stato allora non è possibile affermare la *self-executiness*. La Cassazione si concentrerà sulla interpretazione dell'articolo della Convenzione. In realtà non è del tutto vero che una norma sia *self-executing* per una sua intrinsicità. Attiene meramente alle modalità d'esecuzione e non alla precisazione del contenuto della norma non comporterebbe disparità di trattamento tra ordinamenti diversi. La norma è abbastanza chiara: considera possibile l'equiparazione, lo ammette anche la cassazione, ma bisogna capire se la norma ha effettuato la scelta o la deve prendere lo Stato.

Condorelli dice che non è rimessa al legislatore interno ma è condizionata dal modo d'essere dell'ordinamento interno. L'intera vicenda considera un ammaestramento in questa direzione quando si investe la Cort. Cost.: se una norma garantisse una pari possibilità d'azione a coniugi o a singoli sia preconizzato dalla Costituzione. Se è dimostrabile che non ci può essere in Italia possibilità d'adozione del singolo vuol dire che questa interpretazione non è eseguibile. In Italia l'adozione da parte del singolo non è esclusa: in una normativa successiva sono state operate delle scelte che rendono possibile l'adozione da parte del singolo. Da un verso si sostiene che la normativa italiana di operare questa scelta di enunciare le scelte tali abbia escluso la possibilità di altre ipotesi.

Potrebbe sostenersi che questa scelta operata dal legislatore potrebbe considerarsi illegittima se inosservanza della Convenzione.

Può una normativa interna successiva alla normativa d'esecuzione discostarsi dal parametro normativo della convenzione stessa? Bisogna risolversi con la piena parificazione della coppia al singolo. Può una normativa successiva interna derogare rispetto a quanto risulta ad una norma d'esecuzione di un trattato? La cassazione non è interessata a dare risposta infatti nega il presupposto: non si presenta tale interrogativo. Non solo ci viene detto che la norma vuol dire questa cosa, ma ci viene detto anche che la norma vuol dire questa cosa e si presenta con le caratteristiche della *self-executiness* in un compito inestricabile che è compito dell'interprete sciogliere.

La normativa di esecuzione ci aiuta molto poco: è un mero Ordine d'Esecuzione, quindi sta semplicemente rinviando alla normativa internazionale ma anche a ciò che l'interprete ricaverà in via interpretativa. L'Ordine di Esecuzione è rinvio alla norma internazionale ma non solo: è un rinvio alla competenza tecnica dell'interprete interno che si verrà confrontato alla normativa così come è paragonata con l'ordinamento internazionale. Il giudice italiano si trova davanti il trattato internazionale e va interpretato come lo va un trattato. Si è ricondotti alla normativa della convenzione di Vienna in materia d'interpretazione.

La Cassazione nella difficoltà di far emergere una interpretazione preferibile fa riferimento al *Rapport explicatif*. Il punto è il *Rapport explicatif* dice cose più generiche di ciò che invece la Cassazione (mediante la sentenza) gli fa dire. La risposta alla prima domanda è influenzata dal fatto che sia *self-executing*? In realtà non ci troviamo di fronte alla questione secca come ha intenzione la Di Lazzaro. Qui ci troviamo di fronte ad un'altra situazione: la norma ha dato un principio che non implica l'esclusione dalla parte del singolo perché con certezza non lo esclude: il punto è capire se pari ordina l'adozione del singolo e quella della coppia o si limita a considerarli equipossibili. La normativa sull'adozione interviene operando una scelta che essa stessa è *Lex specialis* in quanto rispetto ad una norma che si limita a dirci che nel caso A, B, C, possono adottare anche i singoli, negli altri casi non possono adottare. In queste questioni non c'è un *iter* argomentativo che possa esse ritenuto preferibile ma a seconda delle premesse c'è un ragionamento coerente rispetto alle premesse ed agevole da collocare in un contesto.

VISIONE DELL'APPELLO: Abbiamo in realtà lo scontro di visioni della società: la decisione è stata compiuta e vi è stata equiparazione, quindi il giudice nell'applicazione di una norma di legge direttamente applicabile può limitarsi quanto già chiaro e disposto dal trattato.

VISIONE DELLA CASSAZIONE: E' una scelta delicata che deve essere presa dal Parlamento, che ha scelto ed ha detto che l'adozione deve essere effettuata da una coppia, oppure da un singolo sulla base di talune condizioni dell'adottando particolari. Si vede prioritaria l'adozione della coppia e si deve comunque pronunciare il Parlamento, ed essendosi pronunciato il Parlamento la questione è chiusa.

La difesa cerca di pareggiare il conto sul piano formale ma ricorda che una normativa di un trattata non può essere derogata a cuor leggero. La questione della *self-executiness* influisce sull'equilibrio costituzionale dello Stato in quanto si ritiene che il giudice è messo in diretto contatto con la norma internazionale con una forte abdicazione dello Stato nella possibilità che il Diritto Internazionale diventi materia direttamente applicabile e leggibile all'interno delle parti. In realtà l'idea che ci fosse *self-executiness* in presenza di talune condizioni è un tentativo non troppo nascosto di limitare la portata dirompente della diretta applicazione: desideriamo che i parlamenti nazionali siano di fatto sostituiti da un legislatore internazionale che entra in diretto contatto con le istanze giudicanti? O desideriamo invece la possibilità di ulteriore manifestazione di sovranità politicamente rilevante di scelta in capo al Parlamento o in capo all'Esecutivo?

E' un argomento chiaramente difensivo rispetto ad una situazione che va sempre più generalizzando. Vi sono sempre più spesso norme che dalla loro conformazione sono sempre più direttamente applicabili. E vero però che vi sono compressi che sono facilmente ricostruibili e documentabili, utilizzabili ai fini di una corretta interpretazione del disposto normativo. Gli artt. 31 e 32 non sono altro che elenchi di priorità di materiali utilizzabili per l'interpretazione e collocano i materiali in una posizioni a seconda della più utile disponibilità. In realtà la norma la disposizione che di per sé non può essere *self-executing* non è ciò che accade di solito. E' un modello costituzionale di organizzazione e non un problema tecnico. La normativa del trattato che viene stipulato è suscettibile di una diretta applicazione.

La giurisprudenza italiana è filogovernativa: c'è un ordinamento che non può essere sovvertito. Le scelte le fa il Parlamento ed i giudici le applicano, ma questo principio entra in crisi quando la Di Lazzaro fa suscitare questo problema: la decisione chi la prende? Parlamento o giudice?

La normativa sciaraitica non trova applicazione negli ordinamenti occidentali. Questo tipo di normativa anche se per il gioco di collegamento, non si può applicare in Italia per il contrasto con i principi di ordine pubblico. La Di Lazzaro non può adottare perché i giudici che cercano di dire è che in Italia l'adozione si può fare da parte di una coppia e non da parte di singoli. Il problema non è più la diretta applicabilità ma difendere una *communis opinio* nazionale da una norma internazionale. Il fatto che l'Italia abbia stipulato un trattato implica che ciò sia più pregevole di ciò che il Parlamento ha fatto emanando una legge?

La convenzione dei diritti dell'uomo è profondamente costituzionale quindi va a sovrapporsi alle costituzioni nazionali aperte all'internazionalità (tipo l'Italia). Noi abbiamo un sistema che molto volentieri minimizza l'incidenza del Diritto Internazionale dei rapporti all'interno del Diritto Internazionale giungendo a conseguenze inique. La questione si spoglia della sua apparenza tecnica per svelare l'aspetto politico. In moltissimi casi la *self-executiness* non dipende da caratteristiche della norma ma dell'ordinamento nel suo complesso rispetto a quel problema.

Si dovrebbe rispondere: vogliamo lavorare secondo i nostri schemi. L'ordinamento italiano resiste rispetto a processi normativi estranei come gli ordinamenti di altri Stati. E' altrettanto vero che abbiamo un meccanismo di *inforcement* per mettere l'interprete a diretto contatto coi trattati internazionali. Queste vicende sono il frutto di "non scelte" che il legislatore ha "compiuto" facendo incancrenire la situazione[12]. Tale diventa insostenibile in occasione della problematica che riguarda l'applicazione delle norme comunitarie che sarebbero tutte applicabili. Ma per conoscere le "direttamente applicabili" ci sono voluti vent'anni di evoluzione giurisprudenziale (1964 – 1984).

13. Processo costituente europeo

Vi è la possibilità che scelte cruciali di natura legislativa possano essere compiute al di fuori dell'ordinamento nazionale. Questa scelta coerente con la costituzione interna è rispettabilissima: si mantiene un atteggiamento rigidamente dualista così come nel Regno Unito. Ma in Italia l'ordinamento è diverso: l'ordine d'esecuzione impedisce al Parlamento di legiferare su un determinato punto. Nascono pertanto gli inconvenienti simili a quelli presenti nel caso Di Lazzaro. Una disposizione internazionale suscettibile di produrre effetti incompatibili con l'ordinamento (e non con la norma) nazionale non è *self-executing*.

---

[12] "E' il frutto di scelte che il Legislatore non ha compiuto.

Per l'Italia qualsiasi cosa venga da fuori, come un norma internazionale o un trattato, è alieno che vuole entrare nell'ordinamento interno. Vi è un difetto di fondo profondamente radicato nell'approccio con la comunità internazionale. Il punto cardine che rende i discorsi relativi all'ordinamento comporta il dimostrare dei rapporti tra l'Italia e la comunità internazionale. L'ordinamento comunitario non si compone ad unità con l'ordinamento interno italiano, come invece afferma la Corte di giustizia dell'Unione europea, ma rimane da esso distinto.

Questo meccanismo è basato sulla norma di contemperamento tra i due ordinamento ravvisata dall'art. 11 permettendo ai due ordinamenti di coesistere e la competenza dell'uno all'esplicarsi per l'altro. Man mano che avanza l'ordinamento comunitario, quello nazionale arretra per esplicare la propria efficacia normativa. Ciò significa che il nostro ordinamento resta in piedi ma può cedere di fronte al diritto comunitario. Se l'ordinamento comunitario è costretto ad arretrare il nostro ordinamento si riespanderà e tornerà ad applicarsi. La Cort. Cost. non permette in nessun modo che la UE sia qualcosa di diverso da quello che fino ad ora è stato ritenuto in una visione pasticciatamente dualista. La Corte Costituzionale ha modo di enunciare la teoria dei "controlimiti".

Tale dottrina dei "controlimiti" è stata inglobata anche dall'orientamento dell'ordinamento tedesco: sono i principi fondamentali della nostra Corte Costituzionale, e ciò deriva dall'art. 24 (Diritto di Difesa). La Cort. Cost. si appella più volte a questo principio, ed è una giurisprudenza che trova una grande corrispondenza in quella Zolange della Corte tedesca e poi nella sentenza della Corte di Lisbona. La Corte Federale Tedesca dice che l'UE sarà pure una cosa bellissima ma presenta una serie di lacune se paragonata all'ordinamento come quello federale tedesco: fino a quando questa tutela dei diritti fondamentali sarà assicurata in materia comparabile alla costituzione tedesca, essa non riconoscerà qualità d'ordinamento come quello di uno "Stato federale".

La nostra Corte Costituzionale con il principio dei controlimiti fa la stessa cosa, remando contro l'art. 117, novellato con le sentenze 348/2007 e 349/2007: siamo ricondotti alla stessa problematica della *self-executing*. Quando la Comunità Europea cercò di differenziarsi dall'ordinamento internazionale (con la primazia del diritto comunitario), cerco di dare effetti diretti alle direttive. Per un certo tempo in Italia non mancò chi ritenne che il regolamento potesse spiegare efficacia se non al di dentro di una legge. Talune leggi sono state adottate solo per rendere valido il regolamento in Italia. Ciò avvenne secondo un ragionamento sbagliato con gli occhi odierni, ma con i giuristi dell'epoca aveva una sua logica: questo regolamento demonizzato dalla giurisprudenza Italiana, deve spiegare effetto in Italia? Questo regolamento deve essere in qualche modo incorporato dentro una legge anche da parte di regioni a statuto speciale, ma resta il fatto che questa cosa contrastava con il nostro ordinamento.

Per la logica invalsa all'epoca era del tutto comprensibile che si riscontrassero di queste difficoltà ed è stato necessario un ventennio per creare un provvedimento che ritenesse valido in Italia il disposto comunitario. La visione della Corte di Giustizia è: l'ordinamento è uno solo, e se l'ordinamento prevale, e se qualcosa è contraria all'ordinamento comunitario col suo regolamento, ciò non ha valore anche se specificativo del regolamento comunitario.

La teoria dei "controlimiti" si salda con questa visione ed ha lo scopo di salvaguardare un suolo per la Corte Costituzionale, e per un ordinamento pervasivo il ruolo delle leggi italiane andrebbe sempre più riducendosi e nullificato di fronte all'applicazione dell'ordinamento comunitario.

Guardando alla cosa da un punto di vista inusitato come p.es.: i discorsi fatti per la "Costituzione Europea" (non solo il trattato di Lisbona, che in realtà è stato sconfessato, e quello che abbiamo oggi non è qualcosa di costituzionale: è un prodotto di un processo vicariante rispetto a quella che era la via principale che non usa il termine "Costituzione") tenendo sullo sfondo questi discorsi ci si può accorgere meglio quali siano le carte in gioco: si fa riferimento a Peter Hebel (Germania, Austria, Spagna, etc.) che dice che la Costituzione Europea è il complesso delle costituzioni nazionali europee così come sono europeizzate per un processo costituzionalizzante in Europa: Convenzione Europea dei Diritti dell'Uomo (e creazione dell'UE).

Quello che è in gioco è il ruolo stesso costituzionale delle corti costituzionali degli Stati stessi: se ci fosse uno Stato federale dell'Europa ci sarebbe una Corte che potrebbe svolgere il compito di Corte Costituzionale dell'UE (La corte di giustizia, la corte dei diritti dell'uomo, o tutte insieme, o una nuova). Ma a questo punto le corti nazionali perderebbero il loro ruolo costituzionale, e ciò le corti lo sanno, pertanto si costruiscono un ruolo che salvi la propria portata. La stessa Corte di Giustizia europea emana le prime sentenze dei diritti umani negli anni '70, quando le corti costituzionali nazionali ragionavano sulle teorie dei controlimiti. Nel 2007 la Cort. Cost. adotta una decisione sui diritti dell'uomo per salvaguardare un ruolo per sé. Oggi ci troviamo di fronte ad una problematica in che è chiara la necessità di difendere l'autonomia dei valutatori di fronte ad una valutazione che è in atto. Quando uno Stato firma un trattato sui diritti umani non sa quello che fa: questi trattati scardinano i principi costituzionali.

L'intoppo sta nel fatto che noi non abbiamo fatto una scelta netta in materia di rapporti tra Diritto Internazionale e diritto interno. Precedentemente si aveva la stessa prassi del Regno Unito (senza legge interna non si ha adattamento); adesso invece si hanno gli Ordini d'Esecuzione. Spesso vi sono trattati che non hanno congruenza in Italia e non possono essere eseguite (ma è capitato che questi "in allegato" non vengano letti, e si fanno norme in contrasto col contenuto dell'O.d.E.). C'è un varco nell'ordinamento che la riceve che permette l'entrata di una norma internazionale. Non basta far trasmigrare una norma dall'ordinamento internazionale all'ordinamento interno perché si faccia l'adattamento: serve (per ogni frase) un'analisi peculiare che rielabori la norma da un contesto normativo ad un altro contesto normativo.

Tripel ragionò sul rapporto tra i due diritti e considerò che il potere del diritto è anche il suo limite: il fraintendimento di una persona può riverberarsi per anni e anni. La Corte Costituzionale offre ricostruzioni inadeguate e lo fa per una visione legata ad un desiderio di autoconservazione della situazione esistente: dobbiamo schierarci dalla parte di chi crede che tutto ciò vada superato.

14. Sentenza 439/2007

Secondo la Corte Costituzionale la normativa della convenzione europea dei diritti dell'uomo prevede che le leggi italiane devono essere conformi ai trattati internazionale, e la Corte Costituzionale considera la convenzione europea richiamata dell'art 117 attraverso un meccanismo omologabile al meccanismo del rinvio. Questo permette alla Corte Costituzionale di produrre due risultati: non si pronuncia sul rango della convenzione perché è richiamata come norma interposta e come tale non ha rango di legge costituzionale; attraverso questa argomentazione la Corte Costituzionale ritiene di aver reso insostituibile il suo ruolo nella soluzione di questi casi perché così facendo il problema della compatibilità tra legge interna e convenzione si converte in una questione di costituzionalità della legge in questione nei confronti dell'art 117 e della norma interposta. Questa è una scelta non necessariamente plausibile, e la Corte Costituzionale commette errori non rendendosi conto che quello che è detto per la Convenzione vale per ogni trattato, perché il discorso fatto viene fatto dal diritto comunitario, che non può essere interpretato vincolativamente se non dalla Corte di Giustizia. La convenzione è fatta per essere applicata dagli Stati, e dopo la Corte Europea dei diritti dell'uomo interviene se un cittadino di un qualsiasi Stato ritiene che l'azione di uno Stato parte in violazione della convenzione gli abbia arrecato un danno: interviene limitatamente al fatto che si sia verificata la violazione e sull'entità del danno. Quindi non è vero come dice la Corte Costituzionale che l'interpretazione della convenzione è rimessa alla corte e sottratta agli stati. Infatti la convenzione essendo un trattato internazionale la sua interpretazione può avvenire ad opera degli Stati. In secondo luogo quanto affermato per la convenzione vale per gli altri trattati che valgono come norme interposte.

Il problema della convenzione è che il suo contenuto è costituzionale, e la Corte non sottolinea questo profilo perché in dottrina è stata avanzata la tesi secondo cui proprio la materia costituzionale della convenzione, il suo recepimento nell'ordinamento avverrebbe anche attraverso gli articoli della Costituzione italiana comprabili con la Convenzione europea.

Quindi i nostri articoli devono essere interpretati con la base della convenzione e questo non è accettato dalla Corte Costituzionale perché provocherebbe il risultato che non formalmente ma nella sostanza la normativa CEDU verrebbe attratta nella sfera di rango costituzionale. Inoltre la sfera di applicazione non verrebbe ricondotta non solo all'Art. 117 ma rientrerebbe nella competenza generale. Quindi la Corte Costituzionale dà la sensazione di parlare di cose che esistono mentre ne ripropone una sua ricostruzione dei fatti: si potrebbe uscire da questo intoppo attraverso l'affermazione che il disposto della convenzione possa essere oggetto di diretta applicazione da parte del giudice, esattamente ciò che la Corte non vuole tanto che sente il dovere di specificare che il diretto coinvolgimento del giudice italiano è escluso perché questo è un modo di applicazione riservato al diritto comunitario, e nonostante questo si occupi di diritti dell'uomo, e che il rispetto di questi sia ritenuto un elemento importante del diritto "comunitarizzato", quanto vale per il diritto comunitario non può valere per la convenzione. Però la cassazione ha riconosciuto negli anni '90 (nelle sentenze Polocastro, e Medano) la diretta applicabilità della convenzione, solo che la diretta applicabilità avrebbe posto una serie di problemi come la disapplicazione da parte del giudice interno della normativa interna a favore della convenzione CEDU. La vera differenza nella natura della CEDU è che essa è sì un catalogo di diritti da rispettare, ma è anche una serie di parametri che la corte europea utilizza per valutare la compatibilità degli ordinamenti statali con la convenzione, per questo non impone la diretta applicabilità ma semplicemente il fatto che sia rispettata.

La Convenzione europea non è un trattato come gli altri, perché il suo disposto per un verso deve essere oggetto di applicazione all'interno degli Stati come quello di un qualsiasi trattato, per un altro proprio perché questo viene a predisporsi a quello degli altri Stati, diventa parametro della Corte di Giustizia sulla valutazione del comportamento degli Stati. Quando la Corte europea dei diritti dell'uomo è investita del giudizio, si fabbrica un parametro: l'elenco dei diritto contenuti nella CEDU non è oggetto della propria interpretazione in ugual misura.

Per ceti diritti o per certi profili di essi esiste la possibilità di enucleare le "nozioni autonome", ossia nozioni giuridiche individuate dalla Corte Europea dei diritti dell'uomo relativamente al significato che la nozione dovrà avere nei singoli Stati (controversia civile/commerciale). Ma per la maggior parte dei casi la Corte europea assume che l'interpretazione del proprio testo convenzionale deve avvenire all'interno nei singoli Stati: "in questa materia gli Stati godono di ampio margine di apprezzamento" ma è lei che stabilisce l'ampiezza del margine e l'entità della sua incidenza di controllo.

Infatti queste sono nozioni di carattere costituzionale, con nozioni rilevabili diversamente nella varie società europee che non si sono evolute tutte allo stesso modo (senso del pudore diverso in Italia rispetto ai Paesi Bassi). Tutte le volte che la Corte Europea dei diritti dell'uomo è chiamata ad interpretare un testo convenzionale, se c'è uniformità di interpretazione tra gli Stati fa un'interpretazione propria, altrimenti dice che c'è un margine di apprezzamento ampio. Attraverso questo la Corte cerca di tener conto non solo dell'interpretazione dei valori normativi interni ma anche della prassi degli organi da giudicare, come dice l'Art. 15 sulla "esistenza di grave pericolo per la sicurezza della nazione".

Quindi non è vero che c'è una dimensione internazionale e una interna, di cui si occupano rispettivamente la Corte Europea dei diritti dell'uomo e la Corte Costituzionale ex Art. 117, ma la realtà quella europea è molto più complessa.

La soluzione della Corte Costituzionale ha un grave inconveniente ossia quello di istituire accanto al giudizio della Corte Europea dei diritti dell'uomo che valuta qualità dei comportamenti con la convenzione, un ulteriore grado di giudizio distinto gestito dalla Cort. Cost. avente ad oggetto la legittimità costituzionale della legge che violerebbe la convenzione.

Questo finisce per essere un distinto giudizio che si sovrappone a quello della Corte europea e in certa misura lo ostacola, quindi si ha un di più rispetto al giudizio sollevato davanti alla Corte europea, infatti: *"io sono un cittadino italiano e ritengo che con un provvedimento nei miei confronti l'Italia ha violato la CEDU, allora cerco rimedio nel giudice italiano agendo non per la violazione ma anche solo per il danno subito"*, infatti la diretta applicabilità della CEDU per la corte europea non è un problema.

"Una volta esauriti i ricorsi interni vado alla Corte europea, ma se i processi sono troppo lunghi, non devo percorrere per intero tutti i gradi di giudizio". Il cittadino va davanti alla Corte e chiede il riconoscimento della violazione dello Stato, e quindi al cittadino non interessa sapere che la legge in applicazione della quale ha subito il danno è in violazione ella Costituzione. Quindi non si capisce a cosa serva il giudizio costituzionale quando è aperta la via di ricorso alla Corte europea, serve solo a dare la possibilità della Cort. Cost. a ribadire il punto secondo cui la CEDU non può essere azionata davanti al giudice nazionale quando una legge interna disponga diversamente dalla CEDU.

La Corte non nega però che se il giudice conosce la CEDU può disapplicare la legge interna perché già considerata in violazione della CEDU. Si ha un arretramento del confine del Diritto Internazionale, perché questa situazione risulta pericolosa, infatti i giudici costituzionali hanno trovato un marchingegno che assomiglia a quello usato negli anni '70 per cui siccome c'è l'Art. 11 ogni volta che il diritto comunitario sembra violato in realtà è violata la Costituzione, e quindi è competente la Corte Costituzionale. Il Parlamento non può cambiare questa legislazione perché i soldi per pagare le espropriazioni a costi di mercato non ci sono e quindi si preferisce passare per violatori della convenzione piuttosto che finire in bancarotta. Quindi alle spalle di questa questione che è di potere c'è anche una questione finanziaria.

Con la Legge Pinto, i ricorsi durano ancora di più!

E la Cassazione vista l'ingente massa di risarcimenti chiesti per la lunghezza dei processi, mette dei paletti all'interpretazione della legge. Però vi sono ricorsi che determinano l'ingiustizia della richiesta interpretativa della Cassazione perché nella Convenzione europea non c'era, e allora la Corte di Giustizia europea dice di no.

Nel giudicare lo schema complessivo dei rapporti tra Diritto Internazionale e interno, siamo ricondotti alla problematica d'applicazione del Diritto Internazionale, una questione di complessiva organizzazione degli equilibri di potere all'interno dello Stato. Uno Stato più aperto alla cooperazione internazionale e più sensibile alla tutela dei diritti dei singoli sarebbe stato più adeguato al Diritto Internazionale.

Dal punto di vista tecnico questa cosa era ineludibile? No, si poteva dare un'altra ricostruzione. La visione dal punto di vista "tripeliano" della corrente "azimottiana" con gli studiosi che hanno ritenuto che fosse la norma a determinare la sua posizione e non lo Stato. Nel Regno Unito però la visione dualista ha conseguito risultati migliori attraverso meccanismi di incorporazione del Diritto Internazionale in diritto interno. I tre casi rappresentano lo studio della giurisprudenza italiana nei confronti del Diritto Internazionale.

15. Caso Ferrini

La sentenza Ferrini ha fatto scalpore perché la nostra Corte di Cassazione esclude che la norma di immunità di giurisdizione degli altri Stati quando la domanda sia riconducibile ad una attività criminosa dello Stato straniero verso il quale è stata avanzata la richiesta. La faccenda Ferrini riguardava la detenzione e la sottoposizione a lavori forzati durante la seconda guerra mondiale di un uomo adibito a fabbricare armamenti nelle imprese tedesche. Questi sono stati considerati comportamenti criminosi che comportano responsabilità internazionale dell'individuo e tali sono piuttosto risalenti nel Diritto Internazionale.

L'esempio più risalente è quello della pirateria e questi *crimina iuris gentium* comportano la possibilità agli Stati territoriali di punire chi fa gli illeciti come committenti di reati di particolare gravità.

Ma la sentenza Ferrini utilizza la legge per suscitare una responsabilità dello Stato tedesco (e non responsabilità penale dei gerarchi nazisti) come committente di reati internazionali.

Il ragionamento della nostra Corte di Cassazione sorretta da alcuni precedenti cerca di sottoscrivere l'immunità qualora vi sia apparizione di pregio ed urgenza per l'illecito a cui si ricollega. Si può discutere d'immunità se la persona in questione ha subito un danno di natura economica. Nei confronti di chi lamenta la sottoposizione a lavori forzati in un lavoro coattivo si ritiene che le norme d'immunità non siano portatrici di un interesse più meritevole del singolo ad ottenere giustizia, e questa sentenza è una pietra miliare dello studio italiano sull'immunità internazionale.

Quando lo Stato si presenta come un qualsivoglia contraente, e la giurisprudenza si pronuncia per il mancato adempimento di prestazioni in contratti commerciali, allora lo Stato non potrebbe invocare l'immunità in quanto gli spetta solo per atti *iure imperii* e non anche per atti *iure gestionis*.

Questa idea è stata sottoposta a prove e test che l'hanno messa alla prova: non si sa fino a che punto vi può essere piena equiparazione tra uno Stato ed un privato. Se uno Stato prende in locazione un locale dello Stato ospitante si ritiene forse che l'ospitato locatario sia sottoposto alla giurisdizione dell'ospitante locatore?

Alcuni hanno sottolineato la rilevanza assoluta del contratto che ha valore al di là delle parti. Oggi è assolutamente pacifico che si tratti di relazioni diplomatiche, e la sentenza Ferrini fa emergere il forte di disagio sulla valutazione di alcuni di questi rapporti. Il profilo sotto il quale guardare è appunto quello di questo disagio e ciò si spiega con la costatazione sul fatto che il Diritto Internazionale incide sui singoli e sempre più gli interessi dei singoli incide sul Diritto Internazionale.

Oggi tutti gli Stati recano una difesa dei diritti dei cittadini in un modo o in un altro all'interno delle proprie costituzioni, e una sentenza come la Ferrini fa emergere un orientamento della giurisprudenza che comunque può essere considerato con una tendenza generalizzata di tener conto di più i diritti dei singoli che quelli degli Stati. La sentenza Ferrini è in linea con l'assoluta libertà della giurisprudenza italiana nel trattare in un certo modo le norme internazionali. Prima di curarsi della attenta ricostruzioni della prassi

internazionale la Cassazione propone una propria
visione: se questo aspetto è da un certo punto criticabile
da un'altra parte si deve riconoscere che la Cassazione
offre un contributo alla creazione di una prassi
internazionale e la prassi internazionale può condurre
ad una modificazione della norma internazionale. Sulla
base di questa giurisprudenza e degli organi giudicanti
italiani il nostro Paese è stato convenuto dalla
Repubblica Federale Tedesca di fronte alla Corte
Internazionale di Giustizia in modo tale che essa dica
che, non riconoscendo l'immunità dello Stato tedesco
per il risarcimento danni per i lavori forzati, l'Italia ha
violato il diritto internazionale.

Il fatto che questa sentenza è condivisibile non
deve impedirci di esaminarla criticamente perché
alcuni passaggi di questa sentenza sono un po' forzati.
Nel desiderio di dire qualcosa di nuovo la Corte di
Cassazione fa uso promiscuo delle argomentazioni
giurisdizionali. Un'altra incongruità è rappresentata
dall'equiparazione del crimine dell'individuo al
crimine dello Stato. Il lavoro della commissione del
Diritto Internazionale se nel 1996 ha prodotto un
documento in cui indica il crimine dello Stato, nel 2003
espunta questo atto come crimine internazionale.

Perché la Germania dovrebbe rispondere di questi
comportamenti? Si risponde che la Germania sia
successore del Terzo Reich ed esso aveva commesso la

deportazione pertanto si ritiene che ne debba rispondere. Ma la Repubblica Federale Tedesca dice che è ascrivibile l'illecito ma non il crimine in quanto esso è individuale.

Se il crimine è individuale e vi è tutta una serie di principi che portano all'Italia di avere giurisdizione. Ma se si parla di responsabilità internazionale allora la sede dove discutere della questione è o il tribunale tedesco, o il foro internazionale (La Repubblica Federale Tedesca conviene l'Italia di fronte alla Corte internazionale di Giustizia). La Germania ritiene di avere già chiuso le questione relative a tutti questi fatti perché in sede internazionale ha pagato risarcimenti dei danni di guerra, ha subito occupazioni militari, e divisioni territoriali, e dovendo soffrire lo smembramento del territorio nazionale dovendo sottoporlo a due influenze politiche differenti.

Pare che l'atteggiamento tedesco si sia irrigidito nel momento in cui a garanzia della sentenza che era stata resa in Italia che riconosceva il diritto al risarcimento del danno qualcuno ha cominciato atti di pignoramento di beni tedeschi in territorio italiano. Su questi beni però vi è un discorso diverso da fare in quanto gli Stati si riconosco una diversa immunità, quella relative alle sentenze esecutive. Il giudicato possa emettersi non anche a taluni beni tra i quali non rientrano le residenza utilizzata dalla rappresentanza diplomatica.

La questione si complica e di fronte alla possibilità che le cause diventano sempre di più la Repubblica Federale Tedesca ha adito la Corte Internazionale di Giustizia per contenere il flusso di giudicati per lei dannosi. Questa è stata accolta in dottrina con atteggiamenti protettivi anche in Italia. L'Italia è stata chiamata di fronte alla Corte Internazionale di Giustizia, ed è molto difficile anche da gestire in quanto è difficile andare davanti un tribunale internazionale a difendersi per l'operato della propria magistratura e dover scegliere tra il subire la condanna o sconfessarla, in quanto vi sono taluni principi che non possono essere elusi e il procedimento è molto lungo e complicato.

Le sentenze richiamate non sono basate negli stati interessati su prassi consolidate: dal punto di vista internazionale è difficile da collocare nella prassi qualcosa di applicato in ambito nazionale (figurarsi se non consolidato): un conto è un atteggiamento costante, un contro è mostrare episodi negli Stati esteri di disagio nel riconoscere l'immunità. L'Italia era sottoposta ad *occupatio bellica* comportando la Germania ad applicare giurisdizione sul territorio Italiano, quindi **non si può applicare la convenzione in cui si dice che l'illecito compiuto in territorio**

Italiano da altri Stati può essere portato in giurisdizione in un tribunale italiano.

In Italia i magistrati sono veramente indipendenti e quindi la sentenza della Cassazione è differente dall'orientamento del Governo. Sarebbe utile un *amicus curiae* (come esiste nei paesi anglofoni) che non prendendo parte al processo ne incide sulle decisioni dando una visione della politica diplomatica. Questo è un profilo che ci aiuta a riflettere sulla situazione in cui si trova il Diritto Internazionale che adesso interessa non solo i diplomatici ma anche il cittadino comune con portata planetaria. A questo punto siamo indotti a chiederci che non ci siano nuovi strumenti attraversi i quali diventi possibile fare qualcosa per mantenere unitario l'atteggiamento di fronte ad una problematica di questo genere.

O il Governo riesce a dimostrare che l'indipendenza della magistratura è riconosciuta dal Diritto Internazionale (tesi minoritaria), ovvero subisce la condanna perché non riesce a dimostrarlo (tesi maggioritaria). Si assume un atteggiamento che si sa essere forzato e si sta a vedere cosa accade, e la reazione della Germania è assolutamente proporzionata ad un'azione di questo tipo: la Germania non chiede solo conto al Governo per le vie diplomatiche, ma porta di fronte alla Corte di Giustizia internazionale uno Stato "amico". La Germania vuol farci capire che non vuole pagare lei la modifica di una prassi o di una norma internazionale.

Se la politica estera è una politica dell'Esecutivo, non ci può essere un modo di far sì che la magistratura lo consulti in modo da ottenere una presa di posizione ufficiale sulla visione della diplomazia italiana. Ci sono governi che non hanno magistrature indipendenti e quindi la versione ufficiale è sempre univoca (non è neanche lontanamente il nostro caso).

16. Caso Quattri

Questa sentenza mostra l'evoluzione di una giurisprudenza che cerca di fare i conti con l'applicazione di un principio particolare relativo alla immunità di giurisdizione. Si ritiene in prima battuta che l'immunità sia esclusa data la natura di rapporto di lavoro (subordinato), ma in questo caso il rapporto di lavoro non concerne soli gli *acta iure gestionis*, ma interessa anche *acta iure imperii* date le mansioni attribuite alla Signora Monica Quattri.

Gli Stati cercano di salvare il massimo della loro amministrazione, e rilevanti non sono tanto gli atti col quale si instaura il rapporto, ma invece le mansioni alle quali deve essere adibito il lavoratore subordinato. Tra queste mansioni ve ne sono alcune che sono legate ad interessi pubblicistici, e l'idea di coinvolgimenti fa sì che lo Stato straniero impianta nello Stato del foro una ambasciata e ciò è un'operazione prettamente pubblicistica, quindi resterebbero fuori dalle immunità: i cuochi (anche se di solito i cuochi provengono dallo Stato dell'ambasciata), chi svolge le pulizie, ausiliari, etc.

L'ambasciata dice che Monica Quattri era sì una segretaria, ma anche ausiliaria del Capo della sezione commerciale pertanto rientrava in interessi di natura "segreta" e quindi strettamente legata ad interessi pubblicistici.

La Cassazione in questa occasione modifica il punto di vista fino ad allora seguito (non si cura della natura del rapporto privatistico instaurato), ma cerca di utilizzare un ulteriore criterio domandandosi su quanto il proprio potere possa incidere sulla potestà di gestione dello Stato straniero in cui questa incidenza comporti evoluzioni diverse da quelle che lo Stato volesse seguire.

Vi sono però in questa sentenza alcuni limiti: così come è stato descritto dalla Cassazione sembra non creare grossi problemi, ed i risultati sembrano essere condivisibili: non viene accolta la domanda in cui si chiede di applicare l'Art. 18 della L. n. 300/1970. In dottrina questa sentenza è stata accolta positivamente anche da persone che l'hanno però equivocata: le questioni patrimoniali non sono coperte da immunità, le questioni non patrimoniale sono coperte da immunità. Ma in questo caso le questioni patrimoniali erano preordinate per legge, e quindi non è in discussione che fino a quando il lavoratore ha lavorato bisogna pagargli lo stipendio e bisogna attribuirgli un Trattamento di Fine Rapporto, e quindi la Cassazione dice di non aggiungere nulla di più che la legge già dice, ma aggiunge un ordine nuovo sostituendo la propria capacità di apprezzamento di una situazione da quella che la Norvegia rivendica per sé come Stato sovrano.

Innanzitutto si creano problemi perché si restringe l'area della giurisdizione (ampliando quella della immunità) rispetto a quelle situazioni che nel passato avevano puntato sulla natura dell'atto. Se la Cassazione avesse seguito questo criterio di distinzioni tra *iure imperii* e *iure gestionis*, avrebbe potuto prendere la decisione di far riassumere la Signora Quattri (ex Art. 18 L. n. 300/1970)? Sì, perché non vi è alcuna differenza con un normale rapporto di lavoro. I Fan della teoria dell'atto instaurativo del rapporto dicono che la Cassazione ha trovato un nuovo metodo per restringere la giurisdizione e quindi non gli piace.

C'è un'altra critica: in questo caso la Cassazione se l'è cavata perché le questioni patrimoniali erano tutte decise, non è dovuta intervenire per stabilire se qualcosa doveva essere corrisposto in termini di retribuzione né ha dovuto determinare qualcosa, quindi l'idea che l'immunità impedisca soltanto ciò che determina lo Stato straniero da adottare una linea di condotta da quella che avrebbe adottata autonomamente non regge in questo caso perché le questioni patrimoniali erano già determinate ex lege, ma se ci fossero state questioni patrimoniali il giudicato avrebbe inciso anche sulla potestà *iure imperi* dello Stato, e quindi il giudicato incide sempre, e quindi c'è sempre immunità (scompare la distinzione tra *acta iure imperi* e *acta iure gestionis*) oppure il giudicato non incide mai ed allora non c'è mai immunità (ed allora non c'è mai di che contendere).

In verità il problema vero è la ricostruzione della norma: se poniamo mente a come la norma si è evoluta nel tempo bisogna tener presente due elementi importanti: l'immunità viene da un nucleo normativo molo risalente che è il divieto di non ingerenza: i sovrani si rispettano reciprocamente come sovrani astenendosi dall'esercitare i problemi della sovranità nei confronti gli uni dagli altri.

Questo vale in una stagione in cui la differenziazione degli organi interni di uno Stato ancora non c'era: il Diritto Pubblico interno (nella vicenda costituzionale degli Stati europei da dove si origina il Diritto Internazionale) emerge prima al di fuori che al di dentro. Il Diritto Costituzionale è molto più recente del Diritto Internazionale. E' vero che una volta che il diritto interno si sviluppa travolge tutto quello che c'era prima creando una nuova idea di Diritto Internazionale.

Tripel dice che il Diritto Internazionale attuale nasce nella Germania del XIX secolo in quanto giuspositivistico (prima era giusnaturalistico). Questa norma dell'immunità della giurisdizione si colloca in questo nucleo normativo molto risalente signorile post-feudale, e la seconda cosa di cui tener conto è che si sovrappone l'idea di una specifica intangibilità degli atti del governo da parte de giudici: questa idea sul piano del Diritto Internazionale si salda con l'evoluzione con il principio di non intervento negli affari interni, ma gli sviluppi del Diritto Internazionale ed Amministrativo sono separati.

In Inghilterra l'*Amministrative Law* non è il Diritto Amministrativo: la giurisdizione amministrativa non è uguale in tutti gli Stati allo stesso modo. L'idea che questo atto dello Stato non possa essere aggredito dalla magistratura avviene anche da sviluppi tecnici: la norma sulla immunità non esiste. È un mero riflesso di un riparto di competenze interno tra giudice ed amministrazione.

La norma sulla immunità non è come la nostra Cassazione sembra credere attribuibile a qualsiasi soggetto del Diritto Internazionale. Il vero problema dell'immunità non è (oggi) il fatto della lesione della sovranità (chiamando uno Stato straniero a chiamarlo in un tribunale nello Stato del foro), ma è il riparto di competenze tra il giudice dello Stato del foro del giudice dello Stato straniero: alla Signora Quattri non è stata negata la tutela dallo Stato norvegese, ma si voleva indicare il tribunale norvegese per chiederle, e non quello Italiano. Si tratta solo di capire chi renderà giustizia.

Noi abbiamo sul nostro territorio forze armate appartenenti agli USA. Normalmente questi rapporti non creano grossi problemi. Si dice che i danni causati dagli USA non possono essere giudicati dai tribunali italiani (e non che non devono essere giudicati e basta): l'immunità è un criterio di riparto di competenze tra enti dotati di giurisdizione, e non un privilegio. Le organizzazioni non hanno un meccanismo di giustizia al loro interno, né tanto meno una competenza territoriale, e quindi è rilevante che la organizzazione disponga di un organo di ricorso: la presenza di un tribunale interno alle organizzazioni da maggiore facilità a riconoscere immunità (in quanto riparto di competenze tra soggetti di Diritto Internazionale).

Il fatto che si usi questa concettualizzazione non implica che l'immunità dalla giurisdizione sia la stessa cosa delle altre situazioni d'immunità. Ma se non giudichiamo noi di questa cosa, questa persona ha la possibilità di ottenere giustizia dallo Stato contro il quale si sta chiedendo giustizia?

Si può discutere degli atti politici in senso stretto (dichiarazione di guerra, etc.), ma per tutto il resto la giurisdizione dovrebbe spiegarsi liberamente, e questa idea non è pellegrina (e non solo da ora). Sempre di più andiamo verso l'obbiettivo della minore incidenza della sovranità degli Stati sui rapporti che si instaurano tra gli Stati o tra individui e Stati: la nostra idea non deve essere più quella dell'700-'800. Lo Stato deve essere riguardato sempre più come un ente tra gli altri. Attardarsi sulla distinzione tra *acta iure imperii* e *iure gestionis* può essere un esercizio mentale anche interessante, ma in realtà non funziona. Per garantire la tutela non ci deve essere spazio per invocare l'immunità, perché essa deve stare e cadere a condizione dello Stato deve dimostrare situazioni di soddisfacimento della pretesa dell'ordinamento e condizioni valide per non sottoporsi alla giurisdizione dello Stato del foro.

Con certezza la distinzione tra *acta iure imperii* e *iure gestionis* non regge per le organizzazioni internazionali: come si può giudicare in termini di *acta iure imperii* o *iure gestionis* l'immunità di un ente che non ha un *imperium*. L'organizzazione non ha una sua esistenza materiale al di là di ciò che è prescritto dal suo statuto. La quasi totalità delle cose che l'organizzazione fa è perché rientrano nei fini statutari. Le immunità per le organizzazioni possono sussistere se previste da accordi di sede: trattato che l'organizzazione perfezione con lo Stato ospitante, ed è prevista una qualche forma di immunità (dettagliata) e non può essere revocata in dubbio.

In passato il Sovrano e Militare Ordine di Malta aveva l'immunità, ma adesso non ce l'ha più, poiché partecipa della natura di cose differenti fra di loro: è un ordine religioso ed i vertici sono retti da persone che hanno preso i voti. L'Ordine di Malta è un ente di assistenza in tutto il mondo e per queste sue opere reclama immunità di giurisdizione creando molti problemi a quegli Stati che gliela riconoscono. In Italia la giurisdizione è del giudice Italiano. A nulla serve dire che si hanno rapporti di legazione con lo Stato X o lo Stato Y: l'Ordine di Malta non ha una posizione così stabile da essere riconosciuta come giurisdizionale. La frontiera che è di progresso che è della effettiva tutela delle persone avanza lentamente, e regredisce altrettanto lentamente il fronte della immunità.

17. Consuetudine internazionale (Caso Haia de la Torre e delle Peschiere Norvegesi)

La Corte Internazionale di Giustizia è legata ad una visione tradizionalista della consuetudine: binaria (con l'elemento della ripetizione di eventi, *usus* o *repetitio facti*, ed un elemento psicologico). La giurisprudenza ha affermato questa prassi "passatista" proponendo una alternativa: consuetudine anche senza una prassi. Questo assunto in verità non è nuovo: oggi ci saremmo accorti che la consuetudine è qualcosa di diverso di qualcosa che si pensava che fosse. Gli elementi tipici della situazione attuale si riconducono al fatto che la norma non scritta potrebbe formarsi anche in assenza di una prassi costante e conforme. In verità la consuetudine è sempre stata affermata attraverso una ricostruzione di questo tipo. I principi consuetudinari sono quelli di diritto naturale che vengono ricavati per via deduttiva da alcune caratteristiche assunte aprioristicamente come fondamentali del Diritto Internazionale. Se gli Stati sono tutti sovrani ne discende che una delle norme fondamentali deve essere quella che gli Stati si astengono dall'adottare comportamenti incompatibili con la sovrana eguaglianza.

Affermare esistente una norma in quanto razionale è lo steso che dire che questa norma esiste in natura, e ciò è un atteggiamento tipicamente giusnaturalista. L'esame dei comportamenti degli Stati serve a mostrare che gli Stati si attengono al rispetto di questa norma. La tradizionale ricostruzione non è una fonte del diritto, ma di conoscenza, l'equivoco sulla natura della consuetudine come fonte è riconducibile sul problema emerso dai giusnaturalisti in Germania nell'800: in questa visione dovendosi affermare l'unicità dei meccanismi del Diritto Internazionale, ed il desiderio di condurre tutto il diritto internazionale al diritto posto dagli Stato porta i giuristi ad interpretare tutto il diritto come una consuetudine (l'idea di fonte è intensamente giuspositivista). La consuetudine altro non sarebbe se non una manifestazione per *facta concludentia* di una stessa volontà di porre le norme che gli Stati manifestano nel concludere un trattato: una *tacita conventio*, perché solo l'incontro di più volontà tra due o più stati può darsi sia attraverso esplicite forme di manifestazione di volontà, sia tramite comportamenti concludenti (*voluntas iuris*).

Questo dibattito ha esiti ancora vivi oggi ma oggi si tende a superare questa soluzione binaria in quanto ci si accorge che molti di questi comportamenti non possono essere posti in relazione diretta col meccanismo col quale si afferma una norma consuetudinaria. Non è vero che la Corte Internazionale di Giustizia sia ferma alla posizione giuspositivista sulla visione della creazione della consuetudine.

Nel Caso "Haia de la Torre" la Corte internazionale ritiene che esisterebbe una consuetudine che permette la qualificazione unilaterale di una situazione ai fini della concessione dell'asilo diplomatico fra gli stati del Sud America. Risale ad una consuetudine tipica del Medioevo europeo secondo la quale qualsiasi luogo protetto potesse essere estensione protettiva del paese d'origine: ducee, castelli, chiese, monasteri, etc. La Corte concluderà che probabilmente esiste la consuetudine territoriale del diritto d'asilo ma che non si estende territorialmente ad altri stati i quali non l'hanno mai accettata. La Corte riterrà l'esistenza di talune consuetudini che si applichino a sole parti della comunità internazionale e non a tutte le parti (Stati part). Quindi non vi è l'esistenza di un nuovo Diritto Internazionale, ma la cogenza ristretta territorialmente di talune norme. La stipulazione di una serie di trattati potrebbe essere addotta come esistente una consuetudine internazionale.

La consuetudine in altre parole non è una fonte come il trattato, è un modo d'essere del Diritto Internazionale e si può giungere a questa conclusione mediante i trattati utilizzandoli come elementi probatori. Un altro esempio è rappresentato dalla sentenza sulle Peschiere Norvegesi: la marineria britannica fu arrestata su talune aree marittime ritenute appartenenti alla Norvegia (dalla Norvegia) più di quanto il Regno Unito fosse disposto a riconoscere. La Corte Internazionale di Giustizia nell'affermare che questa norma non era approvata come esistente non poteva essere applicata alla Norvegia che si era costantemente opposta a tale posizione. Nacque una profonda polemica tra i positivisti ed i non positivisti.

La mera natura della consuetudine è la riconducibilità alla volontà dello Stato, quindi la norma nasce da un atto di volontà, da un consenso, mancando il consenso non vi è norma. E' importante notare come la Corte attribuisca grande peso per la non formazione della consuetudine ad un comportamento consistente ad un atto legislativo, un decreto. Lo schema classico della consuetudine prevede la *repetitio facti* e non di affermazione in ordine all'esistenza del diritto: dire che il ripetersi di una norma di diritto non è consuetudine. Lo Stato deve comportarsi in quel modo, e non fare una norma dicendo che la norma esiste: non si è più nello schema della consuetudine in quanto ritenere che questo elemento incida sulla formazione della consuetudine ci allontana dall'idea binaria. La Corte Internazionale di Giustizia ce lo conferma con il caso della Piattaforma Continentale del Mar del Nord.

La Repubblica Federale Tedesca firmò il trattato sulle piattaforme continentali ma non lo ratificò:

avendola firmata ma non ratificata ritiene che in nessun modo il precetto le si possa applicare e serenamente va in contro alla controversia. Le difese sostengono l'idea secondo la quale il criterio dell'equidistanza appartenga al diritto consuetudinario. La Germania risponde che la consuetudine valga solo per le acque interne (fiumi) ma non anche alle piattaforme continentali.

Si è allora sviluppata una prassi che ha sostanzialmente trasformato in una norma consuetudinaria l'art. 6 sulla convenzione sulla piattaforma continentale e la Corte Internazionale di Giustizia non appoggia l'idea che la consuetudine possa nascere dalla applicazione di un trattato ma afferma che in questo caso non nasce consuetudine perché il trattato è troppo recente e perché ci troviamo di fronte ad una disposizione del trattato che non ha una caratteristica che può generare una prassi che possa generare la nascita di una consuetudine: la caratteristiche di esser strutturalmente idonea a generare una norma. La prassi può anche non esserci, ed accompagnarsi all'applicazione di norma di trattato, ma deve mostrare la preordinazione ad una applicazione esclusiva di principi ed ancora una volta la corte ci dice che l'elemento deve avere in sé una qualche caratteristica e non una semplice ripetizione di comportamenti.

In altri casi la Corte Internazionale di Giustizia ha mantenuto lo stesso atteggiamento mostrando una disponibilità creativa che ha suscitato critiche di segno opposto. La linea isobata di 200 miglia cede il passo alle profondità oceaniche abissali. Ma nel Mediterraneo ci sono solo piattaforme che tutti gli Stati si devono dividere. La Corte Internazionale di Giustizia opera in modo molto creativo: ha rilevato esistente una norma internazionale non scritta secondo la quale la suddivisione in porzioni della piattaforma continentale delle produrre un risultato equo per tutti gli Stati (è una tipica idea giusnaturalista). La convenzione su Diritto del Mare riprende questo criterio di consuetudine risalente internazionale facendo ricorso al criterio giusnaturalistico.

Il giusnaturalismo non è dogma: solo il giusnaturalismo cristiano è dogmatico (il Vangelo è insuscettibile di modifica). Il giusnaturalismo è la scelta razionale e ragionevole che ci porta a credere esistente la norma che serve. Questa ricostruzione serve non tanto per chiarirci le idee sull'utilizzo delle norme consuetudinarie, ma sul fatto che se i nostri giudici si fanno guidare da questi criteri la nostra giurisprudenza se ne avvantaggerebbe assieme all'equilibrio giuridico del nostro ordinamento. Benché i meccanismi di risoluzione delle controversie vengano presentatati in modo da mimare i meccanismi interni, il giudice internazionale è una figura diversissima dal giudice interno: con certezza il giudice interno è inserito in un dato normativo preesistente al quale è più o meno vincolato, ma ineludibile; per il giudice internazionale se non c'è un trattato (in alternativa ci sarebbe forte vincolo) c'è ampissima libertà di discrezione.

Il Diritto Internazionale conosce meccanismi di risoluzione delle controversie e non di applicazione del diritto. Che la controversia venga risolta mediante l'interpretazione di un diritto preesistente, o secondo una creazione giuspositivistica, per la Corte non cambia: lo scopo è risolvere la controversia. Il diritto internazionale ha a cuore la risoluzione delle controversie ed il metodo giurisdizionale è solo uno dei tanti possibili delle risoluzioni (negoziati, conciliazioni, attività diplomatica, e molto, molto altro).

Chi si è illuso che l'ordinamento internazionale sia uno come gli altri grida allo scandalo: se la risoluzione della controversia è diventata molto più complessa per la moltitudine di parametri, è diventata anche molto più semplice per la semplicità dei parametri applicabili non solo da giuristi ma anche da tecnici. Il Diritto Internazionale si costruisce proprio da queste decisioni utilizzando materiali pregressi inserendo la decisione all'interno di un tessuto che permetta di situare nel tempo questa loro decisione come espressione di un indirizzo giurisprudenziale coerente. Le corti diventano attori al pari degli Stati.

18. Trattati internazionali

La Corte Internazionale di Giustizia si è pronunziata approvando la possibilità di apporre riserve secondo il Diritto Internazionale (Sud)Americano. I tribunali hanno risolto un problema particolare che è tipico del Diritto Internazionale: come si può coniugare l'atteggiamento unilaterale di uno Stato con il comportamento di tutti gli altri Stati? Lo si può fare al momento dell'applicazione del trattato, e nelle ratifiche, nelle riserve, e nelle cause d'estinzione. Come si costruisce un assetto obbiettivamente dato?

Questo problema è strutturale del diritto internazionale che si applica al comportamento di Stati che sono enti sovrani, poiché portatori di una capacità d'apprezzamento del reale che li porta a costruirsi una immagine del reale costruendo schemi attraverso i quali il reale può essere modificato. La norma è una disposizione di un determinato assetto politico per incidere sulla realtà. Questi Stati devono essere ricondotti alla posizione di eguaglianza paritaria creando assetti stabili. Il Diritto Internazionale fino a prima delle Nazioni Unite accettava il fatto che lo Stato in quanto sovrano potesse chiamarsi fuori dall'assetto convenzionalmente posto quando ciò gli apparisse utile con cambiamento di circostante legittimanti all'abbandono della compagine degli stati parti: qualunque volontà di obbligarsi valesse fino al punto che lo Stato riteneva di voler continuare ad obbligarsi era un atteggiamento modellato sullo Stato comportante da ente sovrano.

La convenzione di Vienna viene scritto con lo scopo di sostituire un regime oggettivo a quello soggettivo precedente fortemente individualista. Nel costruire un diritto in cui gli Stati fossero più vincolati al testo, si è deciso di dare la libertà agli Stati di modellare il testo più di quanto si volesse: lo scopo è la cogenza al testo e la clausola *rebus in stantibus* viene enunciata in negativo. Questa idea che vede il testo come vincolo obiettivo, dà la libertà agli Stati nella confezione del testo (attraverso l'istituto della riserva).

Oggi i trattati sono impossibili da legge ed interpretare senza la tabella delle riserve e delle correlative obiezioni. Il trattato a questo punto si scinde in rapporti bilaterali tanti quanti sono gli stati parti meno uno, e si avrà un trattato che vige tra cento Stati ma che deriva da una serie di trattati bilaterali che vigono contemporaneamente, simultaneamente riprendendo in diversi modi per ogni Stato parte.

Questo profilo presenta a sua volta un limite: rappresentato dal fatto che non c'è un procedimento obbiettivo per accertare l'incompatibilità con l'oggetto e con lo scopo del trattato.

Se ad una riserva segue una obiezione che la giudica inadeguata, è possibile che lo Stato riservante obietti alla obiezione? No, gli Stati evitano di controbattere alle obiezioni: di solito si registrano obiezioni importanti solo su certe categorie di trattati quando ci sono problemi politici aperti. Per quanto riguarda l'interpretazione dei trattati bisogna far ricorso alla Convenzione di Vienna: c'è una decisione arbitrale di un tribunale che afferma la buona fede necessaria per l'interpretazione dei trattati, si possono utilizzare mezzi complementari qualora il significato sia dubbio, traduzione in quattro lingue (spagnolo, tedesco, inglese e francese), etc: anteporre il testo agli elementi extratestuali e modellarli secondo situazioni ben precise.

Emerge un disegno volto a circoscrivere fortemente la portata del singolo Stato privilegiando invece quella volontà comune che viene ricostruito mediante l'interpretazione del testo che si può redigere con estrema libertà con dichiarazione collaterali ed accessorie, con la possibilità di conformare il testo ai propri *desiderata*, ma a quel punto gli spazi d'interpretazione si restringono notevolmente.

L'Art. 31 è chiamato a riconoscere che se ad un termine tecnico è dato un particolare significato, deve essere comunque utilizzato. Queste dichiarazioni interpretative hanno una vita molto difficoltosa. Al momento dell'interpretazione dei trattati c'è una volontà di conformare l'assetto ad uno preferibile con una rigidità del testo che a questo desiderio si oppone.

Le fasi patologiche sono quelle in cui il trattato entra in sofferenza perché le parti hanno commesso o un errore, o un vizio, o hanno fatto succedere una causa di estinzione (di sospensione se manca la volontà di chiamarsi fuori dal trattato). La medesima situazione dialettica c'è tra ciò che lo Stato desidera fare, e ciò che invece gli viene opposto in termini di oggettività del regolamento convenzionale (interesse contrapposto delle altre parti, interesse generale della comunità internazionale al rispetto dei disposti contrattuali, etc), e queste sentenze dimostrano come si costruisce l'equilibrio tra queste esigenze contrapposte.

La Convenzione di Vienna entra in vigore nel 1980 ed è una convenzione di codificazione e le sue norme sono meramente riproduttive di norme consuetudinarie preesistenti e possono essere applicate anche se entrate in vigore con la Convenzione solo successivamente. La Corte dice che se parti rilevanti del trattato non sono oggetto di una applicazione puntuale, può accadere che le altre parti del trattato potrebbero perdere di significato, non è tanto questione di sanzione per inadempimento, ma di disapplicazione delle parti del trattato.

Ci troviamo in una situazione abbastanza complessa all'interno della quale non è sempre facile disegnare schemi concettuali limpidi: ne è stato costruito uno che limita fortemente gli Stati, ma non sempre funziona, e vi è quindi la difficoltà legata alla qualificazione di comportamenti che non sempre si fanno qualificare facilmente con norme che hanno bisogno di una forte e pregnante prassi che spesso invece è esigua. I tribunali cercano di fare quello che possono ma costruiscono un assetto che in verità poi si rivela deludente.

19.Soggettività internazionale (SMOM, ACISMOM, OLP).

Il tema della soggettività è molto delicato perché mostra con quanta evidenza la giurisprudenza italiana sia lontana dall'orientamento internazionalista. Gran parte dei giuristi italiani si sono formati in un epoca in cui la materia di Diritto Internazionale si studiava al quarto anno del corso di laurea (non venendo preso in considerazione). L'Italia non è un paese imperiale, è ripiegato su sé stesso e quindi non ha avuto tanto interesse al Diritto Internazionale (anche nella formazione della magistratura italiana). Questo traspare in modo molto evidente nel rapporto (infastidito e rassegnato) che la magistratura ha con i casi internazionalistici.

La Corte Costituzionale è una cosa, il sistema giudiziario è un'altra, ma solo ora stiamo avendo delle sentenze argomentate in maniera importante. Le sentenze invece precedenti sono molto scarne relativamente a quelle degli altri paesi, e soprattutto attuali. Per tanto tempo si pensava che in Italia il terrorismo era opera della Palestina. Lo stesso atteggiamento che si ha per l'OLP si ha anche nei confronti dello SMOM. L'Italia riconosce lo SMOM come soggetto internazionale e gli riconosce immunità dalla giurisdizione italiana.

La giurisprudenza italiana si attesta sull'ipotesi dell'immunità del Sovrano e Militare Ordine di Malta, poiché riconducibile ad elemento del Diritto Internazionale. L'Ordine di Malta oggi come oggi non può essere considerato Soggetto Internazionale, non ha una potestà territoriale, e tutto ciò di cui gode è fatto dagli Stati a titolo di semplice cortesia. La cortesia è un conto, ma ciò che i giudici possono applicare come Diritto vigente è altro conto, di fronte alla problematica che può esserci di fronte a ciò la giurisprudenza ha riconosciuto inizialmente l'immunità e poi ha cominciato a modificare (in maniera abbastanza intelligente) il suo punto di vista. Anche queste sentenze non sono oggetto di vere analisi, ma apoditticamente assunte come dato.

Anche nel caso in cui questa pretesa al trattamento immunitario non viene riconosciuta, il giudice mostra un atteggiamento circospetto di fronte a questa problematica. Costruisce la possibilità di adire la giurisdizione attraverso una serie di possibilità condivisibili che non entrano nella natura nell'ACISMOM e dell'ordine in generale. Con la Dizione Ordine di Malta ci si voglia riferire ad un complesso di enti radicati nell'ordinamento dell'Ordine di Malta (melitense), che sono associazioni cavalleresche di differenti nazionalità che in alcuni casi sono costruiti sulla base del diritto dello Stato in cui operano, ma sono strutturati sulla base di schemi dell'Ordine in "lingue" più che statualità. La subordinazione alla Santa Sede si limiterebbe all'Ordine di Malta come Ordine religioso (che non è però tutto l'Ordine di Malta).

Questa complessa figura soggettiva nell'opinione ufficiale godrebbe dell'immunità e di privilegi in quanto la soggettività internazionale è riconosciuta dagli Stati. Gli Stati effettivamente (ma non tutti) intrattengono rapporti di natura diplomatica, e c'è un servizio diplomatico dell'Ordine di Malta. C'è una componente importante di provenienza siciliana (un gran maestro era un principe catanese), ma più spesso sono cittadini italiani.

La motivazione che viene fornita è il fatto che gli Stati riconoscono questa soggettività internazionale ma è altrettanto vero che non tutti gli Stati gliela riconoscono. L'Ordine melitense non ha un seggio alle Nazione Unite, anche se ha uno statuto consultivo. Questa questione è estremamente complessa e la nostra giurisprudenza si guarda dall'intervenire.

Nel caso Arafat il fatto che il caso venga risolto per un altro motivo mostra questo atteggiamento di disinteresse per le questioni di Diritto Internazionale da parte della magistratura italiana. L'ordinaria amministrazione non si occupa di cose che vengono viste eccezionali. Si vuole affermare l'idea che il Diritto Internazionale sia applicato dalle giurisdizioni nazionali. Il Diritto Internazionale non ha meccanismi comparabili a quelli degli Stati per assicurare una pratica vigenza delle norme, per cui anche la giurisdizione internazionale (chiamata quindi giurisdizione) appare come uno tra i tanti mezzi di risoluzione tra gli Stati.

L'unica vera possibilità di applicare il Diritto viene affidata ai giudici interni, e gli strumenti esistono (adattamento, incorporazione, etc.): la norma internazionale viene resa utilizzabile dal giudice interno per la risoluzione della controversia, ma la giurisdizione italiana è poco attrezzata ed interessata alla ricostruzione del Diritto Internazionale. Quello che la Corte identifica come piano politico è quello del Diritto Internazionale (fortemente influenzato dalla politica, ma sempre diritto). E questo mostra (*communis opinio*) che il Diritto Internazionale non è equiparato al diritto positivo nazionale. Questo tipo di atteggiamento fa del nostro paese qualcosa in cui è problematico investire perché una impresa straniera quando ragiona del modo in cui realizzare i suoi profitti, mette tra i costi la disponibilità di meccanismi di risoluzione di controversie che possono nascere e mette quindi tra i costi un giudizio di una giustizia che ha scarsa dimestichezza per questo tipo di controversie, e queste imprese desistono dall'innestarsi nel territorio italiano.

20.Casi Galasso e Nacci

Il punto debole nella comparazione tra Stato ed organizzazione sta nel fatto che mentre nello Stato c'è un ordinamento costituzionale interno che lo struttura in organi d'*imperium*; in apparente paradosso le organizzazioni internazionali non lo hanno. Le attività previste dallo statuto sono quelle tipiche previste dalla sfera d'immunità. In relazione agli Stati per quelle attività che costituiscono fini statuari queste attività sono coperte da immunità, mentre le stesse attività che non hanno fini statuari non godono da immunità.

La situazione immunitaria riconosciuta in capo alle organizzazioni non è la stessa di quella degli Stati desunta dal Diritto Internazionale Generale (Consuetudinario). Nel caso delle organizzazioni questa immunità è prevista dagli accordi di sede, ma per quello previsto dal Diritto Generale, questo è un tema molto claudicante. Per quanto riguarda l'immunità degli Stati ci si chiede se ci possa essere riscontro con quella delle organizzazioni. A partire dall'idea che solo quando il giudicato è incompatibile di una sfera d'autonomia che va tutelata, cosa può essere tale oggetto nelle organizzazioni internazionali?

L'organizzazione nasce perché vi sono degli Stati che approvano uno statuto che la fa esistere, e nient'altro (né governo, né territorio, né popolo, etc.). Nel caso dello Stato, anche a costruire una struttura in cui non esiste altro che la sfera ultima che resiste dell'immunità (capacità dello Stato nell'organizzarsi nelle funzioni fondamentali autodeterminandosi) essa esiste, e non può non esistere. Il problema è riconoscere immunità nelle organizzazioni internazionali. L'organizzazione internazionale è sì un ente costruito su uno statuto ma intrattiene rapporti con altri Stati, ed il sostrato è proprio questo: non è solo testi scritti ma anche relazioni di Stati internazionali, mentre per gli Stati il sostrato è costituito da governo, popolo e territorio.

Ma è pure vero che non tutte le organizzazioni intrattengono relazioni internazionali al punto da costituirne il sostrato. In Italia si cerca di individuare un contenuto dell'immunità al di là degli accordi di sede, ma negli altri Stati non ci si pone questo problema: c'è una prassi d'interpretazione che ci permette di considerare esistente in apparente paradosso a preferenza dell'immunità degli stati. Anche quegli autori che affermano che il fondamento dell'immunità degli Stati è un fondamento debole (non sorretto da una norma consuetudinaria internazionale in quanto estensione analogica dell'immunità interna), ritengono che le organizzazioni la riapplichino per analogia degli Stati.

L'organizzazione internazionale sarebbe l'unico ente costruito dagli Stati, che sono soggetti primi del Diritto Internazionale. Lo Stato esiste *de facto* si costituisce come organizzazione politica e poi il Diritto Internazionale gli appresta tutela. L'individuo ha ancor più dello Stato un'esistenza di fatto, quindi dovrebbe ancor più avere soggettività internazionale. Lo Stato esisterà pure di fatto rispetto ad un diritto quale quello internazionale, ma è certo una organizzazione piuttosto complessa. Queste entità organizzative chiamate Stati danno vita ad entità organizzative più complesse che si chiamano organizzazioni internazionali.

Le organizzazioni internazionali della nostra giurisprudenza (a parte la FAO) fanno cose che potrebbero benissimo fare enti a livello infrastatuale. Finalità statuali mediante convenzioni internazionali diventano finalità internazionali. La Cassazione farebbe bene a negare l'immunità? Quale sarebbe l'elemento con cui confrontarsi? L'attività in questione non appare una funzione internazionale: bisogna procedere ad una bonifica dell'idea di organizzazione internazionale non guardando alle convenzioni ma ai fini. Quindi il riconoscimento dell'immunità internazionale dipenderebbe anche dal fatto che l'organizzazione svolga funzioni extrastatuali o internazionali.

In sede convenzionale è sempre possibile decidere se la materia è statuale o internazionale, ma vi possono essere materie che possono sussistere sono in presenza a due o più Stati. L'immunità non è una norma posta a tutela della sovranità in quanto tale, ma posta a tutela della fonte giurisdizionale dello Stato sovrano di fronte agli altri tribunali. Non sempre l'immunità viene riconosciuta all'ente in quanto ente, ma all'ente poiché svolge un'attività meritevole d'immunità (d'interesse internazionale, che sarebbe insufficiente e/o contingente se nazionale).

21.Rilevazione della guerra civile e della coesione sociale

Anche in relazione alla Guerra Civile si può dimostrare tutta una serie di modificazioni: il regime applicato non è quello del Diritto Internazionale Classico, modificato a partire dalla nozione stessa di Guerra Civile. Ci si domanda cosa sia la Guerra Civile oggi, e come debba essere qualificata: essa era un conflitto armato non internazionale, qualcosa d'inizialmente pensata estranea all'ambito normativo del Diritto Internazionale finendo però col farne parte pensando comunque i configgenti non entrambi soggetti di diritto (ma solo uno: lo Stato).

Ad oggi vi sono guerre condotte da soggetti che non sono internazionali (non Stati), ma non meno civili da altre. E' La guerra civile sia condotta da uno dei due soggetti che non è un soggetto di Diritto Internazionale, o condotta da entrambi configgenti non soggetti di Diritto Internazionale, tra movimenti di liberazione contro un governo, etc. La guerra civile diventa elemento di una patologia dei rapporti all'interno dello Stato come rottura della coesione sociale all'interno di

quello Stato, e ciò è provato in primo luogo dal fatto
che gli interventi dell'ONU nelle guerre civili (non è
un elemento trascurabile: negli ultimi 25 anni l'83%
degli interventi di guerra erano guerre civili, ed oggi le
maggiori situazioni a rischio sono guerre civili) e il
prevalente.

Le NU non sono preoccupate solamente
dell'intervento della situazione belliche (il cessate il
fuoco), ma entrano nella realtà sociale del paese
mettendo in atto una strategia complessa per ricostruire
la coesione sociale mediante tentativi. I paesi più
soggetti sono quelli eredi delle dominazioni coloniali,
che non si sentono partecipi di quelle ideologie e di
quelle geografie (politiche).

La coesione sociale è quella condizione in cui
versa una società all'interno della quale i conflitti sono
o risolti o avviati a soluzione mediante meccanismi
idonei. Se analizzassimo le strategie d'intervento
all'interno di conflitti qualificabili come guerre civili ci
accorgeremmo come queste hanno l'obbiettivo di
suggerire la coesione sociale all'interno di questi paesi.

La fenomenologia "Guerra Civile" è molto più
complessa di quanto il Diritto Internazionale Classico
la vede solo come un problema bellico. Nasce sulla
base dell'analisi della prassi l'identificazione delle
cause delle situazioni di tensione: è stata guidata dalle
NU la decolonizzazione con la costruzione di norme

internazionale con una particolarissima tipologia di conflitti interni (liberazione nazionale) considerati internazionali in quanto il MLN viene ritenuto soggetto di Diritto Internazionale. Questo convincimento non è così diffuso così come potrebbe apparire (alcuni Stati non riconoscono i MLN come soggetti) e d'altra parte questo movimento entusiasta verso questa riedizione di qualcosa già visto in Europa: autodeterminazione, le nazioni hanno creato gli Stati nazionali.

Porre fine alla stagione del colonialismo non è stato raggiunto del tutto seppur lodevole come progetto, e con certezza la gran parte degli Stati sono usciti dalla colonizzazione. La teoria della Guerra Civile ha sofferto molto in quanto ritenutala come qualcosa di ormai finito. Gli anni '90 del secolo scorso si sono incaricati di fare giustizia sulla superficialità di questo convincimento: non sono state prodotte società coese, così come avevano non fatto i regimi coloniali, ma hanno creato società sull'orlo della conflittualità sociale importante.

Ci si può accorgere come uno dei fattori importanti di scollamento sociale è rappresentato dalla diversità delle religioni già emerso in luce nel 1912 trascurato durante il ventesimo secolo, riapparso prepotentemente come causa della disgregazione sociale all'inizio del ventunesimo secolo.

Quando si realizza l'indipendenza del Sudan il MLN è filoarabo e musulmano, il sud cristiano animista ricchissimo di petrolio viene consegnato a quelli ritenuti i nemici storici con due guerre (la prima dal 1955 al 1972 e la seconda dal 1983 al 2005); questi sono conflitti che possono essere risolti mandando ognuno dei due Stati per i fatti propri in quanto non può sussistere coesione sociale tra l'etnia musulmana e l'etnia cristiana e animista. Di fatto queste due società non possono coesistere al di sotto di un'unica organizzazione amministrativa. Il Diritto Internazionale si era mostrato singolarmente bloccato per quanto ne concerne la guerra civile al tempo di Cesare (Gennaio del 49 a.C.): "[…] accade che tutto ciò che era stabile (diritto religioso ed umano) diviene in uno stato di confusione […]".

L'ordine sociale, secondo le sentenze dei nostri tempi, si è rotto. La teoria della Guerra Civile la conosciamo così come ce la presenta la risoluzione dell'*Institute de Droit International* nel 1900, e come ci vengono presentate dai protocolli successivi. La categorizzazione della Guerra Civile recava in sé i germi della sua dissoluzione: ci si occupa solo del conflitto armato in quanto conflitto armato.

Molto più utile è la prassi che si instaura mediante la ricostruzione adoperata dalle NU in cui il conflitto civile viene assunto nella sua globalità come un problema di Ingegneria sociale che si svolge attraverso gli strumenti del Diritto in quanto strumenti di politica: non è un insieme di principi con lo scopo di cristallizzare assetti dati, possono essere costruite strutture in quanto leve di cambiamento. Oggi sempre di più una categoria particolarissima si è venuta a creare: gli specialisti nei progetti di ricostruzione.

La guerra civile deve essere inserita in questo filone d'analisi considerato uno dei più promettenti della teoria internazionale: la ricostruzione e la costruzione di schemi di governo da offrire a paesi in cui i meccanismi ordinari non riescono a produrre questi equilibri. La guerra civile va studiata sotto l'etichetta di ricostruzione sociale.

"Le nazioni unite funzionano come una clinica degli Stati". E ciò è quello che accade intorno a noi, infatti l'UE si è messa su questa strada con una missione di collaborazione per risolvere i problemi dei Balcani che sono troppo vicini per disinteressarsene. Vengono lanciati programmi di ricostruzione della coesione sociale e l'elemento cardine di questa ricostruzione è il vedere il fenomeno Guerra Civile come un incidente importante sulla strada di costruzione di coesione sociale (venuta meno).

In Italia c'è una corrente storiografica minoritaria che ritiene la situazione italiana di permanente guerra civile: le guerre civili italiani sono: Il risorgimento, la resistenza e gli anni di piombo. La Guerra Civile non è una cosa che riguarda "gli altri". Le Nazioni Unite ci anno lasciato una pace costruita artificialmente: il Diritto Internazionale ha scelto la strada della fine della guerra (sia essa civile o internazionale). Gli Stati rinunciano all'uso della forza armata nella risoluzione delle loro controversie. La teoria della guerra non internazionale va partita da qualcosa di diverso: rottura della coesione sociale.

Quindi bisogna analizzare ed esaminare ciò che è stato ereditato dalle guerre civili precedenti, le relazioni ed i progetti di ricostruzione sociale, teoria autonomo legata allo sforzo di pacificazione che le nazioni compiono (e non al divieto d'intervento degli Stati).

La guerra civile nella teoria storica è costruita sulla premessa che ciò che accade all'interno dello Stato non è d'interesse internazionale (affare interno), presentando però due limiti importanti: è un teoria astratta in quanto nella prassi il divieto d'ingerenza negli affari interni non si rispettò mai nella Guerra Civile. Da quando il Diritto Internazionale ha vietato l'utilizzo della forza armata, ha reso inutile la costruzione della Guerra Civile, ma il problema sociale è abituale ed inevitabile. Quindi si studia come strumento per porre in essere assetti stabili e coesi all'interno degli Stati.

22. Dritto Internazionale applicabile alla Guerra Civile e Tribunali penali internazionali

Il fenomeno degli scontri armati all'interno di uno Stato è stato dal Diritto Internazionale categorizzato come fenomeno di natura bellica e assimilato *mutatis mutandis* alla guerra vera e propria tra due Stati. Oggi il Diritto Bellico ha una importanza residuale e si regge sulla condivisione di taluni principi quale quello del divieto del ricorso alla forza armata nei rapporti fra gli Stati. L'ONU sempre di più prende ad occuparsi di situazioni di conflitti interni che ritiene debbano essere oggetto della sua azione per pacificarli e successivamente eliminare le cause di tensione sociale che hanno portato a questi conflitti.

Ci si preoccupa non solo della pacificazione ma di tutta una serie di strategie successive di ricostruzione del tessuto sociale disgregato da tensione. Considerato che l'approccio tradizionale presenta dei limiti (trattare la guerra civile come una guerra applicando depotenziate le norme della guerra ha prodotto un problema più importante degli altri: le convenzioni della croce rossa non riconoscono alla croce rossa stessa di operare una certa soglia di conflittualità: affinché ci sia una guerra civile risultando applicabili i trattati di diritto umanitario è necessaria una certa soglia di conflittualità).

Il Diritto Internazionale non si è occupato di questi problemi fino alla nascita delle missioni di pacificazione. Ci si domanda se sia cambiato qualcosa di fronte al diritto Internazionale con una organizzazione secondo parametri differenti: potrebbero essere una differente categorizzazione del fenomeno della disgregazione sociale non attraverso gli strumenti del diritto bellico ma attraverso l'esame del livello di garanzia dei diritti umani, oppure il conflitto sociale sia categorizzabile. I concetti non sono qualcosa di innaturale: con certezza è vera l'idea secondo la quale la categorizzazione delle visioni sociali condiziona il nostro modo di pensarli.

Lo stesso fenomeno sociale può essere visto in una determinata ottica in determinato ordinamento, ed in altri ordinamenti viene visto sotto un'altra ottica: le norme applicabili possono essere quindi diverse allo stesso fenomeno sociale. Bisogna domandarsi se le categorie utilizzate per inquadrare i fenomeni sono corrette. La guerra civile come guerra civile non può esistere se non esiste lo Stato. L'esistenza dell'idea di guerra ci permette di comprendere la guerra civile tuttavia non è assolutamente detto che la conflittualità all'interno di uno Stato debba considerarsi come fenomeno bellico.

E' possibile categorizzare la tensione sociale che rappresentano l'abbandono del terreno costituzionalmente fissato quando i conflitti all'interno dello Stato possano interessare il Diritto Internazionale. I cc.dd. affari interni dello Stato non sono oggetto di studio del Diritto Internazionale: se uno Stato funziona come normalmente funziona uno Stato il livello di conflittualità sociale si incanala nelle direzione determinate dallo Stato stesso. Un fondamento valido ce l'ha anche nella situazione attuale: quando le brigate rosse rapirono Aldo Moro e lo detenevano in ostaggio sottoponendolo a interrogatori in nome del popolo armato, si fece la proposta d'intervento della croce rossa. Le autorità dello Stato italiano non fecero questa richiesta in quanto si sarebbe riconosciuto in modo implicito 1) incapacità di risolvere la questione e quindi malfunzionamento dello Stato; 2) riconoscimento di soggettività internazionale alle Brigate Rosse.

Ci sono convenzioni di Diritto Bellico alla fine dell'800, poi nel 1907, nel 1919, nel 1949, nel 1957, e i trattati dei diritti umani sono però molto più recenti, non prima della seconda metà del secolo scorso, quando si apre un movimento di stipulazione di trattati. Questa idea del conflitto armato non internazionale non sia sufficiente e ci si stia muovendo su un piano differente che abbraccia più il piano sociale. Vi è un problema prima sociale che bellico. La nozione di Guerra Civile ed il correlativo principio di non intervento nella guerra civile non ha mai funzionato nella pratica.

L'*Istitute de Droit International* è un'associazione molto prestigiosa (privata) di cui fanno parte i più eminenti giuristi di Diritto Internazionale del mondo. Nel 1900 questa associazione assume una risoluzione relativa a diritti ed obblighi di uno Stato nei confronti di un altro Stato in condizione di guerra civile. Lo stesso approccio manterrà settantacinque anni dopo approvando una risoluzione che riporta un obbligo di non intervento generalizzato vietandolo accanto degli insorti e del governo in carica. Lo scopo è la protezione della sovranità: il ragionamento è tanto ordinato quanto astratto: prende pezzi della prassi e cerca di ricostruirli secondo una logica astratta.

Gli altri Stati sono in condizione di non intervento, non possono prendere posizione; ma può darsi che il livello di conflittualità aumenti sino al punto che gli insorti controllino una parte di territorio; poiché sussiste l'idea che lo Stato c'è in presenza di controllo del territorio, se su una parte del territorio il controllo non è dello Stato ma degli insorti allora lo Stato non potrà vantare o esercitare sovranità e dunque si apre una fase definita fase internazionale della guerra

civile alla quale si applicheranno le norme del diritto
bellico che fino a quest'epoca riguardavano solo il
conflitto armato solo fra Stati. Questo tipo di
ragionamento nella sua prima risoluzione è
analizzabile solo se sullo sfondo si proietta l'immagine
del diritto bellico come era all'epoca: le guerre
propriamente dette pertanto la nozione di guerra civile
non è tecnica del diritto internazionale. Questo schema
prevede anche che si possono adottare degli atti che
ufficialmente costituiscano il diritto internazionale: atti
di riconoscimento.

Il riconoscimento è un atto unilaterale attraverso
uno Stato afferma esistente una constatazione di fatto
offrendone una constatazione giuridica, La prasi
internazionale conosce per esempio lo stato di
belligeranza. Il riconoscimento può essere attribuito da
Stati estranei al conflitto, ma anche da parte dello
stesso Stato contro il quale il movimento lotta (ma i
casi sono veramente pochi). In questo periodo non ha
nessuno interesse a dichiarare applicabile il Diritto
Internazionale Umanitario in quanto è più comodo per
lui applicare le proprie leggi (anche violandole).
Queste soluzioni son destinate a cambiare la situazione
sociale: ci sono leggi quali i diritti dell'uomo che
limitano l'operato del governo in caso di belligeranza
o di guerra civile. Il riconoscimento di belligeranza può
essere sostituito da un riconoscimento d'insurrezione

che avrebbe dovuto essere (considerandolo qualcosa di minore) il riconoscimento che esiste un turbamento della pace sociale (senza che però ad essa debba risultare applicabile il Diritto Internazionale Umanitario).

In realtà è accaduto che gli Stati o si sono attenuti ad una politica d'intervento ovvero hanno adottato un atteggiamento modellato sulla neutralità non intervenendo a fianco di nessun non prestando nemmeno soccorso, e ciò avviene perché il fatto bellico è talmente dirompente che nemmeno le cancellerie diplomatiche spesso colgono la differenza tra fase interna ed internazionale perché le guerre internazionali sono un inviluppo delle fasi internazionali ed interne. Ad una attenta considerazione la qualificazione della contesa interna nuoce all'istituzione di una disciplina internazionale efficace ed applicabile.

Con risoluzione viene riconosciuto che vi dev'essere un rispetto del divieto dell'uso della forza anche quando quello non è un conflitto interno. La Guerra civile come categoria in sintesi non è mai esistita, poiché in realtà confusa con altro: questioni interne o questioni di portata più generale. Il conflitto di liberazione nazionale non è una guerra civile in quanto ad essa si applica il primo protocollo (quello ai conflitti armati internazionali).

Per quanto riguarda il Diritto Umanitario di Guerra si deve considerare che l'Art.3 delle convenzioni di Ginevra del 1949 dice che le convenzioni si applicano alle guerre internazionali e gli Stati parti devono applicare queste norme anche ai conflitti armati non internazionali, quindi l'art 3 è una convenzione in miniatura: anche per i conflitti non internazionali dev'essere utilizzato il diritto umanitario; ma questa decisione non funzionò e in tempo di revisione si organizzano le cose in modo da prevedere il protocollo secondo per il conflitto armato non internazionale.

Il diritto bellico è l'insieme delle norme di diritto internazionale sulla condotta da adottare in caso di guerra diviso in Diritto dell'Aja e Diritto di Ginevra. Il Diritto dell'Aja ci dice quale mezzi e strumenti la guerra può utilizzare o meno; il Diritto di Ginevra si origina dalla sensibilità per le sorti dei feriti, delle vittime della guerra (chiamato Diritto Umanitario). La Croce Rossa si chiama oggi Croce e Mezzaluna Rossa: il simbolo fu pensato per contrassegnare quegli atti non indicati come operazioni belliche. La Croce Rossa nasce come simbolo della società che attraverso l'emanazione di regole e con quel simbolo intende preservare certi obiettivi dalla violenza bellica.

Oggi nei trattati di Ginevra ci viene detto che una determinata arma non può essere utilizzata in quanto comporta sofferenze eccessive, mira soprattutto a curare e sistemare i danni, prevenendo le sofferenze ingiustificate, livello di violenza non comune.

Per l'applicazione del Diritto Umanitario è necessario che ci sia una dimostrazione di danno nei confronti della popolazione: non si applica ai livelli di conflittualità in cui non c'è sofferenza. La guerra civile può essere considerato un conflitto armato all'interno di uno Stato (tra il governo e qualcosa che governo non è) che produce almeno cinquecento morti l'anno. Secondo gli studiosi USA la guerra civile attiva è quella che produce venticinque morti al mese.

I tribunali penali internazionali son il punto più elevato raggiunto dal Diritto Internazionale finora nell'ottica di affrontare la conflittualità sociale mediante strumenti internazionali. L'idea che si dovesse istituire una giurisdizione penale internazionale non è nuova: Sottile pensò un tribunale penale internazionale agli inizi del '900. Il Tribunale speciale per l'ex Jugoslavia nasce dell'esigenza che qualcosa si dovesse fare: Tokyo e Norimberga sono stati istituiti dalle potenze vincitrici e quindi hanno sempre giudicato i vinti e sono costruiti con una patente di internazionalità ma non si sono divincolati dalla "nazionalità" (USA).

Ci sono Tribunali internazionali che si costituiscono tutt'oggi ed esistono come mezzo di mantenimento della pace. Quando uno Stato appare non particolarmente motivato per la condanna di questi crimini, si costituirà un tribunale *ad hoc*. I Tribunali hanno applicato il diritto umanitario di guerra che non sempre i tribunali interni riconoscono ed/od applicano, contribuendo anche al suo sviluppo, riuscendo a funzionare bene. Il conflitto armato è unitario indipendentemente dalle parti che lo conducono: o ci sono le violenze gravi della guerra e quindi non c'è bisogno di normarla in modo differente da quella internazionale, o guerra non è.

Certe cose che sono vietate agli Stati devono essere vietate anche agli insorti o ai movimenti di liberazione nazionale.

23. Ricostruzione del tessuto sociale da parte delle NU

L'uso della forza armata sebbene vietato in via di fatto è ancora utilizzato e quindi non c'è giustificazione che ponga differenziazione tra guerra interna e guerra internazionale: si tratta sempre di guerra. La vera problematica è un'altra: il conflitto sociale è qualcosa di molto più ampio che il concetto di guerra civile può riassumere e questa differenza si vede più nettamente di una normazione più incisiva, e ciò è avvenuto all'interno delle NU.

Le NU non sono essenzialmente un meccanismo di sicurezza collettiva, sono anche questo, ma non solo in quanto da una idea pregnante di pace perpetua più ancora del passato nella SN o nei filosofi e politici: diventa sempre più una struttura *lato sensu* costituzionale mondiale. C'è un passaggi nei documenti preparatori che allude al fatto che l'eliminazione della guerra è presente dove venga rilevata l'ingiustizia sociale. Al di là dell'aspetto romantico del modo in cui questo passaggio è stato interpretato (la guerra nasce nel cuore degli uomini, etc.) c'è da segnalare che viene capito che il modo d'organizzazione interno di uno Stato può influenzare sul Diritto Internazionale e ciò che ha fatto l'ONU è basato proprio su questo convincimento.

La Carta delle Nazione Unite non ha un valore giuridico vincolante per sé ma ha dato una fortissima influenza sui patti sui diritti umani ed in ambiti regionali più ristretti, come in Europa nel 1950 (subito). Il modo in cui uno Stato sia organizzato che influenza il Diritto Internazionale è un idea che fin da subito si manifesta. L'attenzione alle problematiche di conflitto sociale aumenta nelle discussione delle Nazioni Unite: l'Assemblea Generale è attratta dalla problematica dell'autodeterminazione dei popoli e resta in ombra l'assetto interno degli Stati perché è più urgente fondare il principio di nazionalità le nuove realtà che vanno emergendo.

L'idea che ci debba essere un interesse di come gli Stati sono organizzati al loro interno rimanda alla logica dei mandati, il sistema che aveva caratterizzato la SN in cui alcuni Stati (ex madrepatrie o ancora madrepatrie) si vedevano affidate le responsabilità di quei territori con mandato di accompagnarli verso l'indipendenza e l'autonomia con la differenziazione tra più portate e meno portate all'indipendenza.

Il sistema dell'autodeterminazione scardina tutti i discorsi che l'assetto che questi Stati avrebbero dovuto darsi al loro interno, e non è casuale (anche se potrebbe essere spiegato con tematiche politiche) che vengano alla luce queste tematiche in un momento in cui sussiste una evoluzione in tal senso. Sul principio di democrazia è nata una questione profondamente discussa lasciandosi guidare da criteri non sempre universalistici ed uniformi, in quanto la Costituzione non democratica di un paese amico veniva considerata più problematica di uno non amico.

Per una certa stagione le NU si sono assunte questo compito che fin dall'inizio era stato loro affidato dalla Carta istitutiva: realizzare condizioni all'interno egli Stati agibilità democratica e ridotta conflittualità sociale. Dagli anni '80 nelle NU ci sarà un ufficio di consultazioni elettorali con l'idea che gli Stati debbano organizzare elezioni che siano giuste e libere, e le NU offrono la loro consulenza con una copertura politica della AG con una risoluzione che invita a realizzare ad intervalli regolari consultazioni elettorali giuste e libere.

Queste risoluzione è accompagnata da un'altra che dice che la sua attuazione deve rispettare la sovranità degli Stati. Le consultazioni elettorali sono oggi ritenute una questione d'interesse internazionale a richiesta degli Stati stessi: commissioni internazionali si insediano per la osservazione delle consultazioni in modo da attestare la correttezza. Si possono quindi desumere criteri guida dell'organizzazione delle elezioni visionando la vita democratica di uno Stato.

Accanto a queste strategie che le NU pongono in essere vanno studiate e messe in evidenza alcune delle più recenti operazioni di mantenimento della pace multidimensionali, con riferimento al fatto che più di un ufficio delle NU si disloca sul territorio di questi Stati per promuovere e favorire un progetto di ricostruzione sociale. Già negli anni '90 l'Agenda per la Pace del segretario generale delle NU aveva registrato l'insufficienza delle azioni che si fermassero al momento della cessazione delle operazioni belliche con l'esigenza di sostenere gli sforzi del popolo verso la ricostruzione di un tessuto sociale non conflittuale.

Molte di queste operazioni sono state disposte in esito a conflitti armati non internazionali. Queste operazioni multidimensionali sono oggi la frontiera più avanzata dello sforzo delle NU della missione nel mondo di pacificazione. Il manuale del 2003 sulle operazioni multidimensionali emerge un progetto di amministrazione internazionale che dovrebbe condurre verso la pienezza dell'indipendenza. Ralph Wilde dice che stiamo parlando mandati non affidati non affidati a potenze coloniali ma affidati alla struttura stessa delle NU con la medesima logica: è come se qualcuno dicesse "forse non ci eravamo sbagliati nel ricorrere all'assistenza per raggiungere l'indipendenza".

Quello che fanno i funzionari è sostanzialmente un progetto di ricostruzione, scrivono le costituzioni, adottano le leggi col potere del parlamento, e poi progressivamente queste operazioni creano un ceto politico endogeno che dovrebbe intestarsi il progetto condiviso con le NU. Timorest si è concluso con la consegna da parte del Segretario Generale alle autorità democraticamente elette della pienezza dei poteri. Non solo le NU si indirizzano verso questa strategia ma anche altri membri attivi nella comunità internazionale: UE. L'UE con le sue missioni e col suo servizio d'amministrazione ha dato il suo contributo nella ricostruzione del tessuto sociale, ma funzionano sino ad un certo punto (v. Serbia e Bosnia).

Chi legge i documenti della *Coalition Provigional Auctority* vede come le missioni non erano mandate dall'ONU ma ha cercato di restaurare un clima di reciproca fiducia costruendo un assetto socialmente coeso.

Noi occidentali siamo convinti a livello di politiche governative che il nostro sistema è oggettivamente superiore a quello degli altri, tanto siamo convinti che la democrazia sia naturalmente il miglior sistema di governo, quindi nella ricostruzione di uno Stato si impone questo modello: quando si instaura un regime di amministrazione internazionale il primo obbiettivo è la lotta alle emergenze, poi seguirà la ricostruzione delle istituzioni. E' abbastanza diffuso che queste strategie funzionano fino a quando c'è da fronteggiare queste problematiche. Molte volte il problema è tale che risulta fondamentalmente impossibili mediare questo tipo di conflitto (v. Sudan), la soluzione migliore è accompagnare le comunità nell'indipendenza reciproca, ma altrove si cerca di mediare questo conflitto sociale mediante altri mezzi che non sempre sono efficaci.

Molto spesso le comunità sono organizzate in strutture tribali giacché in lotta fra di loro, e quindi la speranza di creare una democrazia risulta un fallimento: l'idea non sempre attecchisce. Non basta mandare a votare la quasi totalità di questa popolazione quando la quasi totalità di questa popolazione è ignorante. Perché emerga l'idea stessa di democrazia è necessario un cammino separato e purtroppo lento. Il secondo problema è quello di andare ad individuare un partenariato locale. Si dice: così come tra il '600 ed il '700 uno Stato non poteva ingerirsi negli affari interni di un altro, così oggi non ci si può ingerire negli affari politici degli Stati, ma è estremamente difficile questo discorso in quanto se quei funzionari sono lì è perché la gente di quel paese non è capace di creare un sistema tale da dirsi "sovrano".

Lo si risolve cercando di fare quanto più estensivamente le convocazioni chiamando in raccolta tutte le posizioni rappresentate creando organi che favorisca il confronto con i mezzi democratici. Un terzo problema è formato dal sistema istituzionale: non si può esportare un modello istituzionale da un altro Stato, ma molto spesso questi modelli circolano. Occorre spesso scrivere le Costituzioni di questi paesi di cui si debba ricostruire il sistema. E' sciocco prendere l'assetto normativo dell'*occupatio bellica* e giudicare il comportamento della *Coalition Provigional Auctority* debba restituire al regime democratico il sistema della nazione.

Un'ultima questione è la tempistica ed il finanziamento di queste operazioni che non possono durare in eterno, non solo perché non possono mancare le condizioni di mancato autogoverno, ma anche perché queste operazioni sono estremamente costose, e non sempre hanno ritorni politici per chi ci va: le organizzazioni ci provano sempre ma si scontrano con difficoltà finanziare che fanno divenire la questione complessa. L'obbiettivo finale di questo tipo d'interventi è riconducibile alla restaurazione della coesione sociale a consegnare al popolo istituzioni e leggi che dovrebbero permettere la salvaguardia in futuro della pace interna, ed il nostro ragionamento seppur troppo articolato ha raggiunto un punto fermo. E' vero che l'obbiettivo della eliminazione del conflitto sociale è un elemento della strategia delle NU, ma non abbiamo risolto il nostro problema: capire se il Diritto Internazionale nel suo complesso contiene norme che affrontano la problematica del conflitto sociale all'interno degli Stati.

Esistono sempre più le norme sui diritti umani: niente è più lontano della verità l'idea secondo la quale i diritti umani sarebbero universali: non è così. Sono il risultato di un precipitato modello di società in cui si inverano principi di derivazione occidentale. Gli Stati di ordinamento coranico-sciaraitico non accettano una piena parificazione dei diritti, ma una convenzione sui diritti dell'uomo non può dire altro, il che però è stato accettato con riserva da parte di quei Stati. E' vero quindi che esistono di queste norme ma non sono generali perché vincolano solo gli Stati che le hanno accettate senza riserve. Il sistema che è stato esitato dalla Convenzione d Vienna del '69 prevede che la riserva escludente accettata o rifiutata porta allo stesso risultato: nessuna vigenza del contenuto del testo coperto da riserva. E' vero che i Diritto umani sono contemplati da trattati con uno sforzo di alfabetizzazione ai diritti umani.

Esiste un insieme di norme internazionali che può essere affrontato per la ricostruzione della coesione sociale fra gli Stati, ed uno di questi può essere quello relativo ai diritto umani. La gran parte dei trattati sui diritti umani è stata stipulata all'interno delle NU. Queste norme però non sono norme generali, anche se vi sono persone che ritengono che ci sarebbero alcuni principi generali (elementari principi d'umanità) che apparterebbero al Diritto Internazionale Generale che i applicherebbero anche qualora lo Stato in questione non abbia ratificato il trattato internazionale, ma la tipizzazione dell'elenco di questi principi non ha portato a nessun risultato.

Le NU hanno il compito di occuparsi di tutte quelle situazioni che il Consiglio di Sicurezza ritiene essere rischiose per la pace fra le nazioni, ma trarre da questo argomento una tesi che veda l'esistenza di una norma non scritta che imponga agli Stati di non comportarsi in un determinato modo è una pretesa giusnaturalistica, non fa riferimento ad una prassi coerente d'applicazione generalizzata.

Alcuni di questi trattati disciplinano gli obblighi dello Stato anche in caso di rottura del tessuto sociale degli Stati.

24. Conflitto sociale

L'approccio che fino a questo momento è stato possibile non è ormai l'unico: questi approcci hanno portato ad una dissoluzione della considerazione di guerra civile, e con certezza ormai l'uso della forza armata è ormai considerato vietato. Non si deve costruire un corpus a sé di norme per la guerra civile. La normazione in tema di guerra civile ha sviluppato un'attitudine a considerare il conflitto sociale nella dimensione più ampia e vasta: viene osservato sotto la violazione dei diritti umani.

Le missioni multidimensionali sono oggetto di autentiche regolazioni normative, vi è quindi una normazione internazionale in ambito di violazioni dei diritti dell'uomo. Essa consiste nei sette grandi trattati amministrati da un comitato che opera prendendo in considerazione problematiche di ordine generale. Esiste poi una commissione per i diritti umani recentemente codificata, ed il Consiglio per i Diritti

Umani sottopone tutti gli Stati del mondo ad un esame completo sul rispetto dei diritti umani.

Attraverso l'operare di tutti questi strumenti, a prezzo di non poche sovrapposizioni, si riesce a intercettare buona parte delle condizioni ad un quadro normativo pervasivo tale da far riconoscere un corpus che aggredisce il fenomeno del conflitto sociale. Larga parte di questi conflitti esistenti dipendono dalla discriminazione influenzata da movimenti politici ed ideologici. Tutti questi trattati colpiscono la discriminazione nel godimento dei diritti e sono volti a combattere la discriminazione della donna e razziale. Un primo fattore di conflitti sociali è intercettato attraverso questa normativa che riguarda comportamenti discriminatori per certi gruppi. Se c'è una situazione di generica discriminazione per il godimento di certi diritti questa può essere disciplinata dai trattati a cui stiamo alludendo, e ciò è un fattore che incide sul conflitto sociale.

La normativa sui diritti umani può funzionare per la repressione dei conflitti sociali è manifestata dalle norme dei casi d'emergenza che prevedono quale che debba essere il comportamento che dev'essere adottato. Anche nelle situazioni d'emergenza non è possibile sospendere del tutto il rispetto di queste convenzioni, ed alcuni diritti restano come dei diritti fondamentali ineludibili. Ci si è lungamente interrogati sulle situazioni in cui la convenzione non può essere adottata. "Aree nelle quali la convenzione sui diritti umani non può essere utilizzata" è una risoluzione dell'organo parlamentare del consiglio d'Europa ribadisce che per quanto possa essere acceso il conflitto sociale la convenzione non cessa di applicarsi.

La convenzione all'art.1 prevede che i diritti in essa contemplati saranno garantiti a tutte le persone sottoposte alla giurisdizione dello Stato parte. Quando venne stipulata la convenzione si voleva dire che essa si applicava ai cittadini dello Stato parte ma anche agli stranieri, e l'attenzione di chi negoziò il testo era posta su "tutti" coloro fossero cittadini. Non si fece conto con l'interpretazione di "sotto la giurisdizione": sigifica forse sul territorio? E se lo Stato si trova ad operare su un altro Stato parte della convenzione, o su uno Stato non parte?

La normativa che rende applicabile la convenzione nel Regno Unito passa sotto la competenza territoriale delle Corti Inglesi. La convenzione si applica anche in situazioni di guerra civile e qui si apre una problematica complessa. Ci sono degli Stati, anche studiosi, che ritengono che la normativa sul diritto umanitario di guerra è incompatibile con l'applicazione della materia sui diritti umani. La prima sarebbe da ritenersi speciale rispetto alla seconda e la sua applicazione precluderebbe l'applicazione della normativa della seconda. La condizione di guerra guerreggiata anche quando essa sia "civile" preclude l'applicazione della normativa in materia di diritti umani? La guerra fa cessare l'applicazione dei diritti umani? Secondo l'assemblea parlamentare del Consiglio d'Europa no.

La giurisprudenza della corte europea dei diritti dell'uomo ritiene che la situazione d'emergenza che minaccia la nazione copre tutte le situazioni nelle quali in cui lo Stato parte ritiene di trovarsi in questa situazione e lo Stato abbia ritenuto di trovarsi in stato di emergenza pubblica così come è previsto dall'art. 15. Quando c'è una situazione in cui lo Stato pensa di affrontare attraverso gli strumenti ordinari l'applicazione dei diritti la convenzione si applica nella sua interezza tuttavia la Giurisprudenza riconosce allo Stato un importante margine d'apprezzamento, che è uno spazio di discrezionalità che gli organi di controllo riconoscono allo Stato che si trovi a fronteggiare una situazione di particolare delicatezza. La dottrina è composita ed all'interno si situano problematiche differenti.

La ragione che determina questo riconoscimento può dipendere dalla delicatezza della situazione d'emergenza o delle valutazioni d'equilibrio tra la rilevanza collettiva, etc. Questo rappresenta una caratteristica peculiare di come venga affrontata la problematica del conflitto sociale. Tutta la convenzione attiene a problemi di conflitti sociali con interessi di gruppi contrapposti. A livello di conflittualità ci si muove anche quando si deve stabilire in cosa consista dove si situa il punto d'equilibrio tra l'interesse individuale e pubblico si deve situare un conflitto sociale.

La Corte interamericana dei Diritti dell'Uomo ha sviluppato una complessa giurisprudenza sulla conflittualità sociale e seguiti di conflitto: in molti paesi dell'America latina si sono pronunciate molte esperienze di guerre sociali, regimi dittatoriali, ed i governi che sono seguiti hanno sentito l'esigenza di promuovere campagne di restituzione alla memoria collettiva di questi periodi difficili fronteggiando una serie di provvedimenti di amnistia che, per fortune politiche o oppressioni, si rendevano impunibili i crimini che erano stati commessi ai membri dell'esercito o della polizia.

Si è fatto ricorso alla conflittualità sociale utilizzando una nozione strana di guerra civile che viene evocata non però in senso tecnico perché la guerra civile in senso tecnico si ha tutte le volte in cui una parte della popolazione in armi insorge contro il governo. Questi fenomeni erano asimmetrici: c'era una forte opposizione popolare, ma non sempre si era manifestata in forme dirette di iniziative belliche, era stata la repressione successiva che era armata.

La giurisprudenza nazionale di questi paesi ha utilizzato la nozione di guerra civile per descrivere qualcosa di molto simile a quando noi ci riferiamo al conflitto sociale. Nel quadro di una politica di recupero di questi eventi con la ricostruzione della coesione sociale si dice che nella memoria di quel popolo resta una frattura perché qualcuno ha deciso la fine. Lo scopo è recuperare queste memorie dichiarando queste leggi di amnistia nulle. Questi reati erano impunibili, ed ora invece lo sono. Siamo di fronte ad un insieme di popoli che cerca di ricostruire la coesione sociale anche attraverso questi elementi. Il conflitto sociale attraverso questa forma virulenti di guerra civile nelle forme anche meno cruente è oggetto di normazione dei diritti umani si quando raggiunga manifestazioni parossistiche sia discriminatorie.

Ciò non toglie che essa possa rappresentare dei limiti: il proposito dal quale muoveva l'analisi accennata è che il conflitto sociale del diritto tradizionale potesse dirsi normato dalla normativa internazionale quale che fosse secondo una prospettiva più ampia e comprensiva: con certezza pezzi della normativa internazionali si occupano della conflittualità sociale, ma è necessario capirne le quantità.

C'è un'importante giurisprudenza che riconosce i diritti umani anche al popolo Rom. Ci sono ipotesi di conflitto sociale intercettabili attraverso questa normativa: possiamo dire che "conflitto sociale" indica una problematica assunta come tale come oggetto di disciplina? E' una categoria del Diritto Internazionale? Il diritto umanitario di guerra riconosce il diritto armato non internazionale come guerra civile, ma conflitto sociale è stato riconosciuto come categoria al pari di guerra civile? Non si sa: non è facile rispondere a questa domanda in quanto abbiamo solo una categorizzazione insufficiente. Il Diritto Internazionale ha elaborato una sua nozione tecnico giuridica di conflitto sociale? Non ci sono tutti quegli elementi per creare una categoria ben definita: è altresì vero però che in tutti questi casi il conflitto sociale non viene mai individuato come tale.

La riflessione in materia è ancora ad uno stato embrionale: la normativa sui diritti umani è tra gli individui ed il potere all'interno degli Stati. La prassi che è stata richiamata sulle amministrazioni territoriali dalle organizzazioni internazionali prova troppo in quanto ci si trova su situazioni eccezionali. L'amministrazione viene istituita in caso che lo Stato non è riuscito a mediare. Solo lo Stato può apprezzare cosa determini un'emergenza, o cosa non la determini, quindi sta al governo riconoscere il conflitto sociale. Ci si trova di fronte ad una difficoltà di riconoscere in questi piccoli accenni una vera e propria categoria. Questo percorso di ricerca si è interrogato se il Diritto Internazionale abbia la capacità di creare delle sue categorie del diritto autonome da quelle presenti all'interno degli Stati.

Tutto quello che viene insegnato nei manuali di Diritto Internazionale è eccessivamente datato in quanto oggi sono solo un pezzo della costruzione giuridica internazionale, e se non ci si riesce ad evidenziare una categoria autonoma, vi è debolezza nella teorizzazione. Anche nell'elaborazione di categorie tradizionali c'è uno spazio di autonomia per gli Stati.

Sommario